ÉTUDE

HISTORIQUE ET ARCHÉOLOGIQUE

SUR

SAINT-TROPHIME D'ARLES

Du IVe au XIIIe Siècle,

PAR

L.-H. LABANDE,

Conservateur du Musée Calvet,

Inspecteur divisionnaire de la Société Française d'Archéologie.

CAEN

HENRI DELESQUES, IMPRIMEUR-ÉDITEUR

34, rue au Canu

1904

ÉTUDE

HISTORIQUE ET ARCHÉOLOGIQUE

SUR

SAINT-TROPHIME D'ARLES

Du IVe au XIIIe Siècle,

PAR

L.-H. LABANDE,

Conservateur du Musée Calvet,
Inspecteur divisionnaire de la Société Française d'Archéologie.

CAEN
HENRI DELESQUES, IMPRIMEUR-ÉDITEUR
RUE AU CANU, 34

1904

Extrait du *Bulletin Monumental*.— Années 1903-1904.

ÉTUDE HISTORIQUE ET ARCHÉOLOGIQUE

SUR

SAINT-TROPHIME D'ARLES

DU IVe AU XIIIe SIÈCLE

Lorsqu'on examine la façade de l'église métropolitaine d'Arles, non seulement le portail si curieusement ouvré, mais encore toute la muraille qui fait face au soleil couchant, on est frappé de la différence des matériaux qui sont entrés dans sa construction. Toute la partie inférieure de ce grand mur est bâtie en pierres simplement équarries au marteau et de petites dimensions. Les dernières assises de ce petit appareil cubique atteignent encore le sommet du rampant de la toiture des bas-côtés. Au-dessus, les pierres de construction sont toutes différentes : c'est le moyen appareil, parfaitement taillé au ciseau et jointé finement. Il est évident que ce mur fut bâti en deux fois (1). On remarquera encore que, lors des derniers travaux, l'architecte a fait changer, avec les matériaux

(1) Je m'étonne fortement que certains archéologues, d'ailleurs très érudits, qui ont eu à s'occuper de la basilique de Saint-Trophime ou de son portail, ne s'en soient pas aperçus, ou du moins n'aient pas signalé cette particularité essentielle.

qu'il employait alors, plusieurs assises intermédiaires primitivement en petits moellons ; il a restauré aussi les angles de la construction et il a consolidé le vieux mur par l'application de deux contreforts encadrant la porte d'entrée principale. Quant au portail, dont la renommée est universelle et qui constitue à lui seul un véritable monde sculptural, il est facile de reconnaître qu'il a été ajouté à l'édifice tel que l'avaient laissé les travaux effectués en dernier lieu.

Si l'on pénètre à l'intérieur du monument, on pourra renouveler les mêmes observations. Les murs latéraux présentent dans leur plus grande étendue, jusqu'à l'avant-dernière travée des bas-côtés, les mêmes petits matériaux du bas de la façade. Par contre, tout ce qui a fait l'objet d'une réparation ou d'une restauration, le sommet des mêmes murs, les voûtes, les piliers et supports des nervures sont en moyen appareil. Il ne sera pas question ici de l'abside que le bienheureux Louis Allemand réédifia au XVe siècle, mais seulement des parties exclusivement romanes.

Le problème est loin d'être aussi simple qu'il le paraît au premier abord. Les pierres en moyen appareil ne sont pas les mêmes partout : celles du transept n'ont aucune marque de tâcherons, tandis que celles de la nef et des bas-côtés en ont de très nombreuses. La voûte en coupole, au-dessus du carré du transept, a été construite avec de grossiers matériaux, équarris simplement au marteau et non appareillés (la partie centrale a été restaurée en 1870 ; cette observation ne la concerne donc pas). Ailleurs, il est encore évident que tout le moyen appareil n'est pas de la même époque ; sans parler des différences de coupe des matériaux employés pour les murs

E. Lefèvre-Pontalis, phot.

Église de Saint-Trophime d'Arles.

Façade.

de la dernière travée, il y a des traces manifestes de reprise dans les piliers délimitant, près de la nef, le carré du transept, sur le côté qui regarde les collatéraux.

Une reprise semblable se distingue fort nettement encore dans les piliers séparant la quatrième de la cinquième travée de la nef. Les fouilles opérées en 1870, lors de la restauration de Saint-Trophime, sous la direction de MM. Révoil et Véran, les ont mis à nu jusqu'à leurs fondations et « ont révélé l'existence de deux piles [primitives] en croix, autour desquelles ont été plaqués les appareils de la nef formant les faisceaux des piliers supportant les arcades, les arcs doubleaux des deux côtés et les grands arcs doubleaux séparatifs de la nef principale » (1). Les pierres de ces piles anciennes, dont la face opposée à l'abside ressort légèrement hors des piliers qui les enchâssent actuellement, présenteraient, d'après M. Révoil (2), des « tailles mérovingiennes et des lettres, marques de tâcherons ». M. Véran a noté quelques-uns de ces signes : ce sont des I, des W, des croix, etc. (3). J'en ai relevé moi-même sur les parties qui font saillie hors des nouveaux piliers. Ils se retrouvent exactement semblables sur les matériaux qui ont remplacé l'ancien petit

(1) H. Révoil, *L'Architecture romane dans le midi de la France*, t. II, p. 35 et 36.

(2) *Ibid.*, p. 36. M. Révoil semble supposer que tous les piliers de la nef sont ainsi composés; cela n'est pas prouvé.

(3) M. Véran, architecte de Saint-Trophime, m'a fait encore remarquer que les assises des pierres surmontant les impostes des piliers précédant le carré du transept, sont placées obliquement; selon lui, ce serait l'indice que, primitivement, ils supportaient une voûte d'arêtes.

appareil dans la dernière travée des murs latéraux, et d'autre part ils sont entièrement différents des marques de tâcherons existant dans les autres parties restaurées de l'édifice.

Les fouilles de 1870 ont encore permis de retrouver, à 1m06 au-dessous du niveau actuel du sol, les vestiges évidents de l'ancien dallage posé sur un béton; de plus, sous les dalles, dans le voisinage du premier pilier sud de la nef, on a mis au jour un fragment de mosaïque, dont voici la description: « Au premier coup d'œil, on paraît ne voir qu'un simple encadrement formé de deux zones d'ornementation parallèles et séparées par un filet, l'une représentant des oiseaux et des fruits, l'autre des lignes géométriques, polygones et disques. Les filets qui les longent sont en pierres noires cubiques, le fond de la marqueterie est blanc; des pierres de diverses couleurs animent les figures... Une inscription en lettres noires sur un fond blanc, encadrée par un filet aussi en pierres noires, est intercalée dans une des zones. Quelques mots ont péri dans une cassure ancienne; voici ceux qui restent: VOI [ou VOS]... IN SOLIDVM VNVM... » (1). Au fond de l'abside circulaire, établie dans le prolongement de la nef et détruite au XVe siècle (on en a parfaitement suivi les fondations), on a découvert en même temps, posée sur le dallage ancien, la pierre qui supportait le siège archiépiscopal (2).

(1) Article de M. Clair dans *le Forum* du 17 juillet 1870, reproduit par M. l'abbé Bernard, *La Basilique primatiale de Saint-Trophime d'Arles*, t. II, p. 29-30.

(2) Cette pierre a été enlevée et placée dans l'unique chapelle donnant sur le bas-côté droit de la nef. Cf. abbé Bernard, t. II, p. 33.

Il y a plus, lors des premières fouilles exécutées en 1835 (1), rapporte un historien de l'église primatiale de Saint-Trophime, « après avoir traversé un terre-plein d'environ 3 mètres [exactement 2 m 50], sous le sol actuel de la nef, on rencontra des voûtes et sous ces voûtes on trouva cinq chambres de construction romaine, disposées sur le même axe et communiquant entre elles du midi au nord par des arceaux en plein cintre. Ces arceaux se répétaient sous les murs latéraux de l'église et indiquaient d'autres pièces qui faisaient suite aux premières. On n'osa pas les explorer, dans la crainte de compromettre la solidité des constructions supérieures, et cette précaution de prudence ne permit pas de connaître la longueur de ce monument souterrain : sa largeur est de 18 mètres du couchant au levant, c'est-à-dire du portail au troisième pilier de la basilique, et est délimitée par deux massifs de murs romains » (2).

Rectifions d'abord plusieurs erreurs de cette description. Comme on le verra par le plan ci-annexé, que M. A. Véran a bien voulu me communiquer, les substructions comprennent seulement trois pièces d'une hauteur uniforme de 3 m 10, celle du milieu plus grande que les autres et ayant 9 mètres de large du levant au couchant (pour employer les mêmes expressions que

(1) Il semble que les substructions dont il va être question aient été connues par quelques personnes avant cette date : l'église souterraine de Saint-Trophime, signalée au fol. 117 du t. Ier des mss. du chanoine Giraud (nº 112 des mss. de la Bibl. d'Arles), paraît bien devoir être identifiée avec elles. Il est dit dans la note du chanoine que le sol de l'église a été relevé, que dans les parties souterraines on voit la naissance des piliers, etc.

(2) Abbé Bernard, t. I, p. 47.

M. l'abbé Bernard) et 3m60 de long ; les deux autres, moins larges de 1m67, sont sensiblement égales. Elles s'étendent seulement depuis le portail jusqu'au premier pilier de la nef et sont fermées à l'est et à l'ouest par des murs pleins paraissant remonter à l'époque de leur construction. Autrefois, elles semblaient devoir communiquer au nord et au sud avec d'autres chambres, qu'on n'a pas déblayées. On remarquera que, pour établir les fondations et du portail et du premier pilier sud de la nef, on a crevé leur voûte, ce qui démontre manifestement leur antériorité. D'ailleurs, il faut nécessairement les faire remonter, de par la nature de leurs petits matériaux cubiques, mélangés de tuiles à rebords, à l'époque romaine, au IIIe ou au IVe siècle de notre ère.

Les affouillements que l'on a opérés en divers endroits, en 1870, pour retouver le sol ancien de Saint-Trophime, ont permis de relever les traces d'une autre construction, aujourd'hui disparue, et qui présenta un caractère tout différent. Au début de la quatrième travée de la nef et des bas-côtés, c'est-à-dire immédiatement après les piliers qui la séparent de la troisième, et partant de l'ancien dallage, un escalier de dix-huit degrés conduisait au chœur et aux absides, dont le plancher se trouvait par conséquent élevé à 4 mètres au-dessus du sol primitif. La hauteur fut donnée par une arcature dont les vestiges étaient conservés près du mur latéral du nord. Au-dessous, de plain-pied avec la nef, avait été ménagée une crypte ou confession, à laquelle on accédait par un couloir central occupant toute la quatrième travée (les degrés de l'escalier montaient donc à droite et à gauche). Cette chapelle basse, comme l'appelle

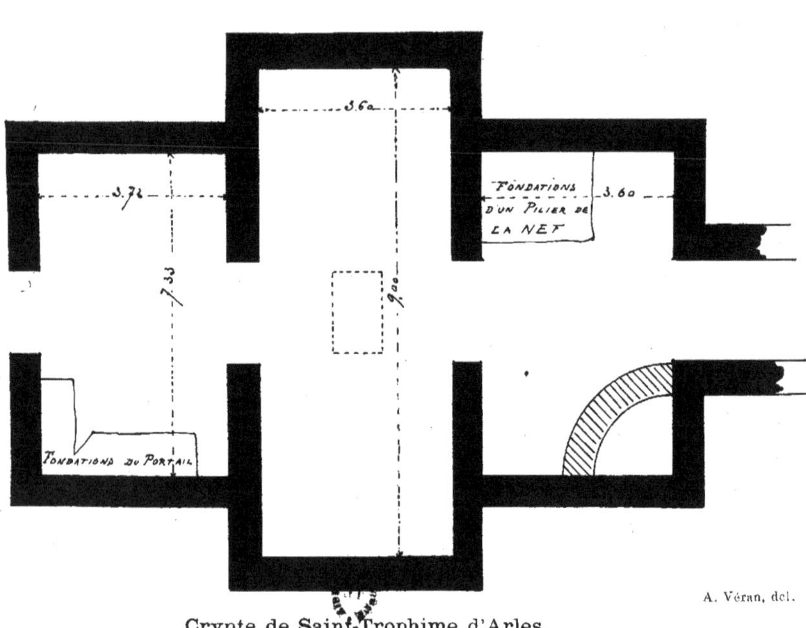

A. Véran, del.

Crypte de Saint-Trophime d'Arles.
Plan.

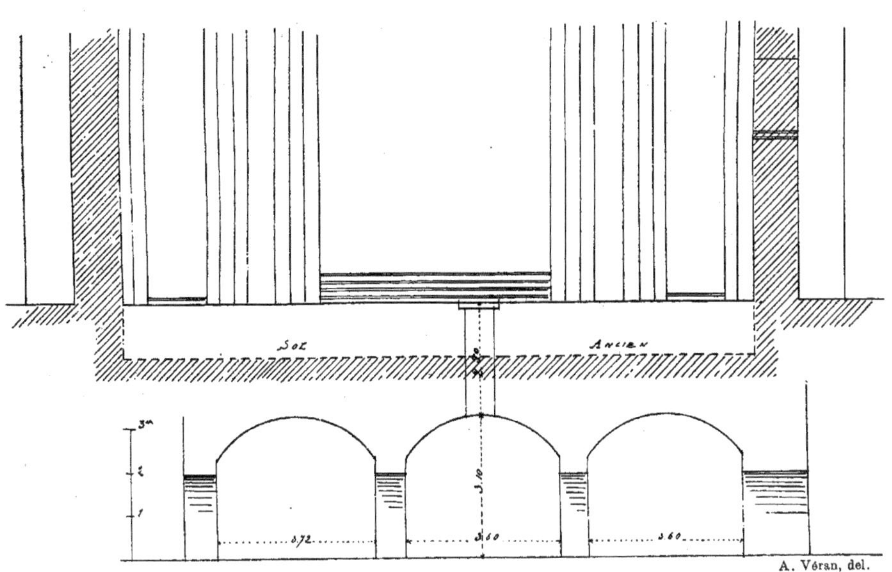

Chambres souterraines à Saint-Trophime.

Coupe en long.

M. Révoil, comptait au moins deux travées : la première correspondant à la dernière de la nef, la seconde au carré du transept. On n'a pas pu se rendre compte, en 1870, si elle se prolongeait sous l'abside principale et si elle s'étendait aussi dans les bras du transept ; mais j'indiquerai plus loin un indice certain de ce prolongement dans les croisillons. Les voûtes de chacune de ces travées étaient supportées par des nervures retombant sur des colonnes adossées aux piliers actuels, dont les ressauts avaient été dissimulés par un placage (1). On a retrouvé les bases de ces colonnettes : elles appartiennent, à n'en pas douter, à la période du XIIe siècle.

Voici donc bien des éléments divers : substructions romaines sous la première travée de la nef, niveau du sol d'une ancienne basilique à plus d'un mètre en contrebas de l'église actuelle, ce sol d'abord couvert d'une mosaïque, puis d'un dallage ; murs latéraux construits en partie avec des petits moellons cubiques, restaurés à une ou deux dates très postérieures avec les pierres de moyen appareil qui ont constitué le sommet des mêmes murailles, les voûtes avec leurs nervures, les piliers et les pilastres ; piliers primitifs enveloppés et noyés dans certains piliers actuels de la nef ; appareil du transept d'aspect plus archaïque que celui des restaurations de la nef ; coupole sur le carré, voûtée en moellons grossiers ; trace d'une confession de plain-pied avec le sol primitif de l'église, et avec voûtes

(1) Cf. H. Révoil, t. II, p. 34. — Ces placages constituent donc l'apport d'un troisième architecte : on se rappelle que le premier avait bâti les piles en forme cruciale, et que le second les avait enveloppées d'un revêtement permettant de supporter les doubleaux et les grandes arcades.

reposant sur des supports appliqués contre les piliers actuels ; portail adossé au mur de la façade restaurée, etc. Il n'en faut pas davantage pour créer, au sujet de l'église métropolitaine de Saint-Trophime, un problème des plus ardus et des plus déconcertants.

Examinons d'abord comment il a été résolu par les auteurs (1) qui s'en sont préoccupés et qui ont étudié le monument à fond ; sauf quelques variantes, ils sont à peu près tous arrivés aux mêmes conclusions générales. Ces conclusions ont été développées avec autorité par M. Révoil (2), qui n'a cependant pas exposé, à beaucoup près, toutes les données du problème. Selon lui, il faudrait s'en rapporter à la tradition, d'après laquelle saint Trophime, envoyé par l'apôtre saint Pierre, vers l'an 46, pour évangéliser le sud-est de la Gaule, se serait fixé à Arles, aurait converti le préfet du prétoire de cette ville et aurait fondé un oratoire dans une partie de son palais, auquel appartenaient les substructions romaines que nous connaissons. « Dans les *Lettres grégoriennes*, ajoute-t-il, il est dit que saint Virgile, évêque d'Arles, bâtit dans cette ville, en 601, la basilique de Saint-Étienne, son église cathédrale, en même temps qu'il élevait hors de la ville un temple dédié à saint Trophime et à saint Honorat, où il fut enseveli après sa mort. Il le consacra le 17 mai 626. » Le savant architecte ne dit pas quelles sont les parties de l'ancienne basilique de Saint-Étienne,

(1) Voir le résumé de ces appréciations et l'opinion qui a cours, dans l'ouvrage de M. R. de Lasteyrie, *Études sur la sculpture française au moyen âge* (t. VIII des *Mélanges Piot)*, p. 47.

(2) *Op. cit.*, t. II, p. 33 et suiv.

aujourd'hui Saint-Trophime, qu'il attribue à la fondation de saint Virgile, mais il est aisé de comprendre que ce doivent être toutes celles qui sont bâties en petits moellons. Les piliers primitifs de la nef sur plan cruciforme faisaient certainement partie de ce monument, puisque, d'après lui, ils présentent sur leurs pierres, avec des lettres de l'alphabet, des tailles mérovingiennes.

Bien que les Sarrasins, maîtres d'Arles en 738, aient respecté toutes les constructions de saint Virgile, bien qu'ils se soient bornés à piller la basilique et à soumettre à un tribut les chrétiens qui continuaient à la fréquenter, dès l'époque carolingienne on agrandit cependant l'édifice, sans doute en hauteur, puisque les murs latéraux sont restés les mêmes : on eut alors la nef que nous voyons aujourd'hui, avec ses voûtes, piliers, arcatures et pilastres, dont les matériaux offrent tant de marques de tâcherons. Même le concile de 813 se serait tenu dans cette basilique restaurée.

En 1152, eut lieu la translation solennelle des reliques de saint Trophime, apportées de l'église Saint-Honorat des Aliscamps dans la basilique qui prit alors le nom du premier évêque d'Arles. C'est pour les recevoir que l'on édifia au fond de la cathédrale la crypte du XIIe siècle, découverte en 1870. De la même époque exactement serait le portail plaqué contre la façade occidentale.

Telle est l'opinion que M. Révoil a développée dans son *Architecture romane du midi de la France,* en l'appuyant de divers textes que nous aurons à étudier. M. Auguste Véran, architecte des monuments historiques à Arles, se l'est appropriée en la modifiant sur un point essentiel. Dans le compte rendu du Congrès archéologique tenu à Arles en 1876 (1), il inséra ces phrases : « De la vieille église de Saint-Étienne, élevée en 601 par saint Virgile, sur les ruines sans doute d'une primitive église dont il reste les substructions, il ne subsiste que les grands murs latéraux en petit appareil, le mur de façade qui soutient le porche jusqu'aux deux tiers environ de la hauteur de l'église, et peut-être la première travée des nefs latérales [en moyen appareil], immédiatement à côté du transept. Le IXe siècle, d'après les intéressantes études de M. Révoil sur l'époque carolingienne, a vu reconstruire l'édifice saccagé par les hordes musulmanes et au XIe siècle, des restaurations, s'inspirant du caractère byzantin de Sainte-Croix de Montmajour, sont venues le compléter. En 1152, les reliques de saint Trophime, reposant jusqu'alors dans la vieille église de Saint-Honorat, ont été solennellement transportées dans la basilique de Saint-Étienne qui a vu changer, à cette occasion, son ancien vocable en celui de Saint-Trophime. A cette date, M. Révoil attribue la création du porche et d'une crypte découverte en 1870... ».

Voici maintenant la théorie de M. l'abbé Bernard, curé-archiprêtre de l'église Saint-Trophime dont il a écrit l'histoire. Il admet toujours que saint Trophime consacra au vrai Dieu, sous l'invocation de saint Étienne, son parent, un oratoire « dans la partie la plus secrète et la plus isolée du prétoire » (2). Les substructions romaines, signalées dès 1835, appartenaient à ce monument, peut-être même à l'oratoire ; en tout cas, « c'est à tort qu'on n'a voulu y voir quelquefois

(1) P. 566.

(2) *Op. cit* , t. I, p. 45.

qu'un moyen de niveler le sol de l'église » (1). Ce lieu de dévotion, fréquenté par les chrétiens qui se dissimulaient, fut transformé en une vaste basilique à l'aurore du IVe siècle, c'est-à-dire après la persécution de Dioclétien et lors de l'avènement de Constantin le Grand, qui, par son édit de 314, donna la liberté au nouveau culte. En Arles cependant, l'évêque saint Marin n'avait pas attendu la proclamation de cet édit pour bâtir son église dans le même temps que l'empereur élevait son palais de la Trouille, il édifiait la basilique de Saint-Étienne. Comme Constantin avait « donné largement pour la construction ou la restauration des édifices religieux..., l'Église reconnaissante appela basilique constantinienne » le nouveau temple (2). Le concile tenu à Arles en 314 l'inaugura; en 597, avant de le faire disparaître, le métropolitain y sacra saint Augustin, apôtre d'Angleterre (3).

La basilique constantinienne fut complètement rasée (4) et sur son emplacement saint Virgile éleva, après 597, une nouvelle église: ce fut la basilique virgilienne reconnue par M. Révoil. Elle « est encore debout, et c'est la basilique primatiale de Saint-Trophime; mais pendant cette longue existence de 1300 ans, elle a subi bien des modifications successives; suivant les besoins ou le goût des temps, elle a même dû passer par bien des transformations, qui sont comme autant d'époques dans son histoire. Ainsi,

(1) T. I, p. 47 et 48.

(2) *Ibid.*, p. 138. Voir encore p. 143, 146.

(3) *Ibid.*, p. 140, 150, 157; t. II, p. 43.

(4) *Ibid.*, p. 144.

sans parler des chapelles ajoutées successivement à l'édifice primitif et des ouvertures pratiquées dans les murs latéraux pour y donner accès, son riche portail décora sa façade au milieu du XIIIe siècle *(sic)* et amena comme conséquence un remaniement général du sol, des piliers, des arceaux et des voûtes. Deux siècles plus tard, le bienheureux Louis Allemand bâtit le chœur gothique et ses dépendances » (1), etc. Il n'est donc pas question, dans le livre de M. l'abbé Bernard, de destruction par les Sarrasins et de restauration à l'époque carolingienne (2).

Un autre archéologue ecclésiastique, M. l'abbé Constantin, partant toujours des mêmes principes, a précisé certains points. Selon lui, la tradition relative à saint Trophime et à son oratoire est toujours acceptable ; sous Constantin, saint Marin bâtit, sur l'emplacement du prétoire, une basilique dédiée à saint Étienne, où se réunit le concile de 314 (3). Les substructions découvertes en 1835 lui ont-elles appartenu ou faisaient-elles partie du palais prétorial, la question reste indécise (4). L'importance croissante de la ville d'Arles engagea bientôt les évêques à « construire une nouvelle et plus vaste cathédrale... A saint Virgile fut réservé l'honneur de réaliser ce grand ouvrage » (5). C'est dans ce monument qu'à l'approche

(1) T. I, p. 27.

(2) M. l'abbé Bernard ne parle pas non plus de la crypte en avant de l'abside, mais son ouvrage, resté incomplet, ne va pas plus loin que le XIIe siècle.

(3) *Les Paroisses du diocèse d'Aix... Paroisses de l'ancien diocèse d'Arles* (Aix, Makaire, 1898), p. 6 et 7.

(4) *Ibid.*, p. 34.

(5) *Ibid.*, p. 36.

des Sarrasins au VIIIe siècle, on transféra des Aliscamps pour les mettre en sûreté, les reliques de saint Trophime (1). Elles le quittèrent pendant la première moitié du XIIe siècle, lorsqu'on voulut restaurer la cathédrale. Leur retour en 1152 marque la fin des travaux. « A cette époque, fut creusée, en avant de l'autel, une crypte spacieuse » destinée à les garder (2). Le portail date aussi du même temps (3). L'église fut enfin agrandie, vers 1450, par le bienheureux Louis Allemand; en cette circonstance, on fit disparaître la crypte ; la sainte arche ou châsse en vermeil contenant les corps de saint Trophime et de saint Genès, des reliques de plusieurs apôtres, etc., qui était primitivement conservée dans cette partie basse, fut désormais placée dans une chapelle aérienne bâtie à l'intérieur du clocher. On la descendait le jour des saints Innocents, comme la châsse de sainte Sarah aux Saintes-Maries de la Mer (4). En résumé, substructions romaines, basilique constantinienne disparue sans laisser de traces, basilique virgilienne conservée en partie et caractérisée surtout par le petit appareil des murs (5), enfin église restaurée avant 1152 et pourvue à cette époque d'une crypte et d'un portail sculpté.

(1) *Les Paroisses de l'ancien diocèse d'Arles*, p. 49.

(2) *Ibid.*, p. 51.

(3) *Ibid.*, p. 98.

(4) *Ibid.*, p. 85 et 86.

(5) Le portail, dit M. l'abbé Constantin (p. 98), « est adossé au mur de l'église virgilienne, dont on aperçoit la ligne en petit appareil au-dessus de la corniche, et à qui appartiennent aussi la fenêtre carrée à colonnette formant meneau, les deux baies allongées des collatéraux et quelques fenêtres sur le mur du nord ».

Telles sont les principales solutions admises et les explications données par les auteurs qui se sont le plus sérieusement occupés de Saint-Trophime. Il faut maintenant entrer dans le vif du sujet, examiner attentivement les textes présentés jusqu'ici, rechercher ceux qui n'ont pas été connus et qui peuvent être utilisés, enfin comparer avec soin la construction et les matériaux de l'édifice actuel avec la construction et l'appareil de monuments datés et offrant des analogies. Je me résignerai quelquefois à ne pas apporter des solutions aussi précises que mes devanciers, mais j'écarterai impitoyablement du débat tout ce qui ne doit pas y figurer, je déblaierai le terrain et j'établirai peut-être, du moins c'est mon ambition, les bases d'une classification chronologique des diverses parties de Saint-Trophime et des monuments qui leur ressemblent.

* * *

L'existence de l'oratoire bâti par saint Trophime ne peut guère s'appuyer que sur la tradition. Laissons donc dans le pur domaine des hypothèses une chose qui n'aurait jamais dû être affirmée aussi catégoriquement qu'on l'a fait. Il est certain, et je suis loin de la contester, que de très bonne heure, même dès le premier siècle, il y eut des chrétiens à Arles (1);

Il y a au moins une erreur en ce qui concerne la fenêtre à meneau, qui est tout entière dans la partie restaurée en moyen appareil.

(1) Cf. Abbé Duchesne, *Fastes épiscopaux de l'ancienne Gaule*, t. I, p. 73, 74.

ces disciples du Christ avaient des lieux de réunion, des oratoires, mais aucun texte précis n'en fait mention, aucune inscription ne les signale, aucun reste n'en peut être montré d'une façon indiscutable. Sans vouloir rien affirmer, je croirais plus volontiers que ces lieux de réunion des premiers fidèles se trouvaient dans le cimetière des Aliscamps ; il est à présumer en effet que là, comme à Rome et en beaucoup d'autres villes, les chrétiens s'étaient associés en collèges funéraires, afin de jouir d'une certaine liberté dans l'exercice de leur culte.

Les chambres souterraines, que l'on a attribuées au palais du prêteur et où l'on a été jusqu'à reconnaître le premier oratoire chrétien d'Arles, semblent bien n'avoir jamais été que des substructions de nivellement. Les observations de M. Auguste Véran, si compétent en ce qui touche *Arles antique* (1), établissent qu'elles ont été bâties bien en contre-bas du sol sur lequel étaient édifiés les monuments romains. Pour peu que l'on examine leur construction, on se convainc rapidement qu'elles n'ont pas été destinées à être vues ou habitées ; les voûtes, en particulier, sont d'une facture grossière et montrent encore la trace des couchis qui ont servi à les former. De plus, leur sol n'a jamais été nivelé et suit toutes les aspérités du roc où elles reposent. Par conséquent, il est à peu près certain que ces appartements n'ont jamais été une crypte (2) ; j'ajouterai que, en aucun cas, leur

(1) M. Véran a en effet publié, sous ce titre, un très beau mémoire dans les comptes rendus du Congrès archéologique tenu à Arles en 1876, p. 267.

(2) C'était déjà, en 1838, le sentiment de M. J.-J. Estrangin, *Études archéologiques, historiques et statistiques sur Arles*, p. 210 :

date ne saurait être reculée à une époque antérieure à la fin du IIIe siècle.

De même que pour l'oratoire consacré par saint Trophime, il n'existe aucun texte formel autorisant à attribuer à saint Marin, évêque d'Arles sous Constantin, la construction de la première grande basilique dédiée à saint Étienne. A défaut de preuves, voici les raisons que l'on invoque (1) : En 314, se tint à Arles un concile des plus importants (2) ; les évêques qui y assistèrent durent tenir leurs sessions dans une église et précisément dans celle où officiait le métropolitain, président du concile. Or, la basilique de Saint-Étienne est citée dans la vie de saint Hilaire, évêque d'Arles de 429 à 449, écrite par son disciple saint Honorat après 461 (3) ; elle est très souvent mentionnée dans celle de saint Césaire, évêque d'Arles de 502 à 542, rédigée encore par ses disciples les évêques Cyprien, Firmin et Viventius, le prêtre Messien et le diacre Étienne (4). Il n'est donc pas douteux qu'elle existait

seulement, cet auteur les rajeunit trop en attribuant leur construction à saint Virgile.

(1) C'est surtout M. l'abbé Bernard, *op. cit.*, t. I, p. 138 et suiv., qui a développé ce système. Voir aussi M. l'abbé Constantin, *op. cit.*, p. 7 : « La cathédrale Saint-Étienne doit donc être comptée parmi les basiliques constantiniennes, peut-être même *préconstantiniennes*, pour parler avec une rigoureuse exactitude... ».

(2) Les actes en ont été souvent signalés ; je me bornerai à renvoyer à Labbe, *Concilia*, t. I, col. 1426. — Cf. abbés Albanès et Chevalier, *Gallia christiana novissima*, *Arles*, n° 15.

(3) La vie de saint Hilaire est imprimée dans le t. II des *Acta sanctorum* pour le mois de mai. — Sur sa composition, cf. *Histoire littéraire de la France*, t. II, p. 647.

(4) Cette vie a été publiée dans les *Acta sanctorum*, t. VI du mois d'août. — Sur sa composition, cf. *Histoire littéraire de la France*, t. III, p. 239 ; A. Malnory, *Saint Césaire, évêque d'Arles*,

au Ve siècle. D'autres textes la désignent sous le nom de *basilica Constantia* (1) : c'est donc qu'elle remonte à l'empereur Constantin, qui avait aussi donné son nom à la ville d'Arles elle-même, *urbs Constantina* (2). Par conséquent, c'est dans son enceinte que siégea l'assemblée des évêques de 314. Elle ne peut guère être d'une époque antérieure : d'abord, son épithète de *basilica Constantia* s'y oppose ; ensuite, il est à croire que les chrétiens, persécutés par les empereurs romains et tout récemment encore par Dioclétien, avaient été fort éloignés de bâtir des temples qui auraient attiré sur leurs têtes un redoublement de colères et de haines. Du reste, Arles venait aussi d'être éprouvée cruellement par l'invasion des barbares, que la légende a placés sous la conduite du roi Chrocus (3). Saint Marin dut donc édifier sa basilique

p. I à IV. — Les passages concernant la basilique de Saint-Étienne ont été relevés par l'abbé Bernard, t. I, p. 141 et suiv.

(1) On verra plus loin que ces textes se réduisent à un seul, tiré de la vie de saint Hilaire : *Acta sanctorum*, mai, t. II, p. 29. — Remarquer que la basilique y est appelée *basilica Constantia* et non *basilica Constantiniana*, comme l'a imprimé M. l'abbé Bernard p. 143. Il semblerait donc qu'il faille traduire : basilique de Constance plutôt que basilique de Constantin.

(2) Lettre des empereurs Honorius et Théodose II à Agricola, préfet du prétoire des Gaules, 17 avril 418 : « in Arelatensi urbe quam Constantinam nominant... In Constantina urbe » *(Monumenta Germaniae historica. Epistolarum*, t. I, p. 13-14). — Voir encore la supplique adressée, au début de l'année 450 par dix-neuf évêques de la Gaule au Pape, en faveur de la suprématie de l'église d'Arles : « Haec [civitas] in tantum a gloriosissimae memoriae Constantino peculiariter honorata est, ut ab ejus vocabulo, praeter proprium nomen quo Arelas vocitatur, Constantina nomen acceperit » *(Gallia christiana, Arles*, n° 65).

(3) Sur cette invasion, cf. *Histoire générale de Languedoc*, nouv.

de 305 à 313, grâce à la tolérance de Constance Chlore, puis de Constantin.

Il est absolument certain que la basilique de Saint-Étienne, citée par les biographes des saints Hilaire et Césaire et désignée très clairement dans le testament du même saint Césaire vers 542 (1), existait au Ve siècle. J'admettrais même volontiers qu'elle était plus ancienne et que sa fondation remontait aux premiers temps du libre exercice du culte concédé aux chrétiens d'Arles. D'ailleurs, dans toutes les villes épiscopales, la basilique de Saint-Étienne n'était-elle pas la plus ancienne et le siège même des évêques (2)?. Cependant, il m'est interdit d'affirmer que l'assemblée du concile de 314 s'y réunit: dans les actes qui en ont été conservés, il n'est aucunement fait mention d'église, mais seulement du synode des évêques qui, en la cité d'Arles, *in civitate Arelatensium*, se sont réunis sous la présidence de l'évêque Marin; la lettre qu'ils adressèrent au pape Sylvestre porte que les prélats *adunati fuerunt in oppido Arelatensi*, pas plus. Il n'était pas obligatoire que les Pères se réunissent dans la basilique métropolitaine elle-même: le concile, tenu à Arles en 524, eut lieu à l'occasion de la dédicace de la basilique de Notre-Dame (3) et

édit., t. I, p. 382 et 396-397. Un chemin près d'Arles s'appelle encore le *Pas de Chrocus*; cf. Abbé Bernard, *op. cit.*, t. I, p. 102.

(1) *Gallia christiana novissima, Arles*, n° 131.

(2) Il n'y a donc pas lieu de chercher à expliquer cette dénomination par l'apport de reliques de saint Étienne par saint Trophime (abbé Bernard, t. I, p. 46).

(3) Labbe, *Concilia*, t. IV, col. 1622; Maassen. *Monumenta Germania historica. Legum sectio III, Concilia*, t. I, p. 36. — Cf. A. Malnory, *Saint Césaire*, p. 132.

se tint vraisemblablement dans ce nouveau monument.

Quant à la qualification de *basilica Constantia*, elle est beaucoup moins claire que ce que l'on a prétendu. M. l'abbé Bernard ne l'a signalée lui-même (1) que dans une phrase de la vie de saint Hilaire, où il est question de l'arrivée du gouverneur d'Arles dans cette église pendant un sermon adressé par le prélat à ses fidèles (2). A vrai dire, l'évêque avait l'habitude de parler au peuple dans sa propre église ; mais rien ne l'empêchait d'aller aussi dans d'autres et la *basilica Constantia* pourrait être une de celles-ci. Cette dernière hypothèse se soutiendrait avec d'autant plus de vraisemblance que la même vie de saint Hilaire nomme la *basilica beati ac primi martyris Stephani*, où le corps de l'évêque fut apporté après sa mort, avant sa sépulture en l'église de Saint-Genès (3). Donc il serait permis de prétendre que les deux monuments restaient distincts dans l'esprit du biographe.

M. l'abbé Constantin l'affirme (4) et s'appuie encore sur l'intitulé du concile de 455. J'avoue que je me suis reporté à ce texte sans y trouver rien de concluant. L'*Institutio* des évêques réunis en Arles à cette époque pour terminer un différend relatif à Lérins, débute en effet ainsi : *Cum Arelate, in secretario ecclesiae convenissemus...* (5). Rien n'est donc spécifié : l'église, dont il est ici question, est évidemment la basilique

(1) T. II, p. 143.
(2) *Loc. cit.*
(3) *Acta sanctorum*, mai, t. II, p. 34.
(4) *Op. cit.*, p. 19, n. 1.
(5) Labbe, *Concilia*, t. IV, col. 1024.

épiscopale de Saint-Étienne ; mais elle n'est pas différenciée de la *basilica Constantia.*

Concluons : à une époque ancienne il y eut à Arles, siège du métropolitain, une basilique dédiée à saint Étienne ; mais il est impossible de démontrer que le monument cité par les textes des Ve et VIe siècles ait été bâti par saint Marin sous l'empereur Constance Chlore ou sous Constantin.

Il n'est pas interdit de se figurer cette église semblable aux basiliques chrétiennes de cette époque reculée. Une enceinte devait l'envelopper tout entière avec la demeure de l'évêque, dont il est plus d'une fois question dans la vie de saint Césaire (1). La basilique elle-même était précédée d'un *atrium* ou vestibule, que les biographes et le testament du même saint ont signalé (2) : les cellules des clercs y donnaient. L'intérieur du monument, divisé probablement en trois nefs et couvert d'une charpente comme les basiliques romaines, présentait sans doute de ces peintures que l'évêque de Marseille saint Serein faisait détruire dans les églises de son diocèse, sous le prétexte de combattre l'idolâtrie (3). En tout cas, ce n'est pas trop

(1) *Acta sanctorum*, août, t. VI, p. 69 (I, III, 21) : « extrahatur a domo ecclesiae antistes... Domus igitur ecclesiae et cubiculum antistis arrianorum mansionibus constipatur » ; et p. 78 (II, II, 13) : « ad basilicam sancti Stephani descendit », etc.

(2) *Ibid.*, p. 81 (II, III, 23 : « adduc tecum puellam ipsam et matrem ejus et observa, dictis matutinis, in atrio sancti Stephani et cum secretum videris veni ad cellam »). — Testament de saint Césaire *(loc. cit.)* : « quatenus cellam quam bone memorie Augustus subdito in atrio Sancti Stephani, euntibus in parte, dextra, habuit ».

(3) Lettre du pape saint Grégoire à l'évêque de Marseille saint Serein, le reprenant pour avoir brisé des images dans les églises :

s'avancer que de dire qu'elle s'était enrichie des dépouilles des édifices antiques, comme cela se passait un peu partout (1) ; on sait que les balustres de ses balcons et de ses grilles étaient décorés de plaques d'argent, que saint Césaire fit détacher à coups de hache, pour opérer le rachat des captifs avec le prix de leur vente (2). Le même évêque aliéna, dans le même but, tout le trésor de son église que son prédécesseur Eonius avait amassé : les encensoirs, les calices et patènes en métal précieux disparurent alors (3). Le baptistère était complètement indépendant de la basilique de Saint-Étienne : cela ressort parfaitement d'un passage de la vie de saint Césaire (4). M. l'abbé Constantin serait assez disposé à en reconnaître les vestiges dans les substructions découvertes, il y a quelque cinquante ans, non loin de Saint-Trophime, dans la cour du collège (5).

Remarquons, avant d'aller plus loin, que saint Hilaire et saint Césaire, les deux plus illustres pontifes

« Idcirco enim pictura in ecclesiis adhibetur », etc. (*Gallia christiana novissima, Marseille*, n° 35).

(1) Notamment à Vaison, dont la cathédrale offrit plus d'une analogie, on le verra plus loin, avec Saint-Trophime. De même à Venasque, dont le baptistère est décoré de colonnes antiques. — J'indiquerai ci-après un texte qui démontre que les constructeurs d'églises à Arles s'approvisionnaient dans les ruines des monuments antiques.

(2) « Videtur etiam quod securium ictus in podiis et cancellis feriantur, dum inde columnarum ex argento excutiuntur ornamenta » (*Vie de saint Césaire*, I, III, 23 : *loc. cit.*, p. 69).

(3) Même paragraphe de la *Vie de saint Césaire*.

(4) « Ad oleum benedicendum, competentibus diebus in baptisterio annis singulis veniebat » (*Vie de saint Césaire*, II, II, 14 : *loc. cit.*, p. 79).

(5) *Op. cit.*, p. 35.

arlésiens des Ve et VIe siècles, paraissent avoir été de grands bâtisseurs d'églises. Le biographe du premier parle en effet d'un « lévite » du nom de Cyrille qui, préposé à la construction de basiliques, fut blessé en enlevant les marbres du théâtre antique qu'il avait le dessein d'employer comme matériaux d'œuvre (1). D'autre part, saint Césaire fit édifier, hors les murs d'Arles, le monastère de Saint-Jean, où il plaça des religieuses sous la direction de sa sœur sainte Césarie : dans une même enceinte, il avait construit une triple basilique, disent les historiens de sa vie. Celle du milieu fut dédiée à Notre-Dame et nous savons que le concile du 6 juin 524 se tint à l'occasion de sa consécration (2) ; les deux autres eurent pour patrons saint Jean et saint Martin (3). On prétend encore qu'il a consacré aux Champs-Élysées d'Arles, la basilique des saints apôtres Pierre et Paul dont il est question dans sa vie (4) ; cela est possible, mais en réalité cette fondation n'est pas de lui, elle doit être attribuée à Pierre,

(1) « Quod sancti Cyrilli, tunc levitae, manifeste patuit documento. Qui basilicis praepositus construendis, dum marmorum crustas et theatri proscenia celsa deponeret, fideli opere nudans loca luxuriae quod sanctorum parabat ornatibus... » *(Acta sanctorum*, mai, t. II, p. 31). — Cf. Abbé Bernard, t. I, p. 263.

(2) Cette basilique de Notre-Dame n'est donc pas l'église de Notre-Dame-la-Major, comme l'ont écrit la plupart des historiens arlésiens. Une nouvelle preuve que cette identification n'est pas possible est donnée par la *Vie de saint Césaire*, portant qu'il fut « sepultus in basilica Sanctae Mariae semper virginis, quam ipse condidit, ubi sacra virginum corpora de monasterio suo conduntur » (II, IV, 35 : *loc. cit.*, p. 83 ; cf. A. Malnory, *Saint Césaire*, p. 282).

(3) *Vie de saint Césaire*, I, V, 44 : *loc. cit.*, p. 74.

(4) *Ibid.*, II, II, 19 : *loc. cit.*, p. 80.

fils d'Asclepius, qui mourut en 529 (1). Son second successeur sur le siège épiscopal d'Arles, saint Aurélien (546-551), marcha également dans les mêmes voies : non content de donner ses soins à la constitution du monastère d'hommes des Saints-Apôtres, fondé sur l'ordre du roi Childebert (2), il établit lui-même, à l'intérieur des murs de sa cité et sous l'invocation de Notre-Dame, un couvent de religieuses qui reçut de lui sa règle (3).

* * *

Cette multiplicité de constructions religieuses correspond, à vrai dire, à la période la plus brillante de l'histoire d'Arles sous les Mérovingiens. Aussi, ce serait cette prospérité qui, d'après les divers auteurs, aurait déterminé saint Virgile, à la fin du VIe siècle, à bâtir une nouvelle basilique plus grande et plus en rapport avec l'importance de son siège. Tous les historiens, sans exception, ont attribué à ce prélat la reconstruction de l'église métropolitaine ; quelques-uns même en ont fixé la date de consécration : 601. Détruisons d'abord cette dernière erreur. M. Révoil, qui l'avait prise pour son compte, avait donné comme références la *Gallia christiana* et les *Lettres grégoriennes*, « où il est dit que saint

(1) L'inscription funéraire du tombeau de ce personnage est tout ce qu'il y a de plus explicite : *Corpus inscriptionum latinarum*, t. XII, n° 936. — Cf. Révoil, *Revue des Sociétés savantes*, série 4, t. X, p. 506 ; A. Véran, *Arles antique, loc. cit.*, p. 290 ; abbé Constantin, p. 239.

(2) *Gallia christiana novissima*, *Arles*, n°s 141, 145 et 168.

(3) *Ibid.*, n°s 142 et 183.

Virgile... bâtit en 601 la basilique de Saint-Étienne » (1). Or, le passage visé de la *Gallia christiana* (2) porte seulement ceci : « Après l'année 601, il n'est plus fait mention de saint Virgile dans les lettres de saint Grégoire (3). Son biographe dit qu'il bâtit à l'intérieur de la ville la basilique de Saint-Étienne, son église cathédrale ». Inutile donc d'insister : biffons cette date de 601 qui ne repose sur rien.

Maintenant, réduisons encore à néant l'affirmation que saint Virgile reconstruisit son église. Elle est basée en effet sur la vie de cet évêque, que Vincent Barral a publiée dans le tome Ier de sa *Chronologia sanctorum et virorum illustrium monasterii Lerinensis* (4), soi-disant d'après un manuscrit de François Claret, archidiacre d'Arles. Surius (5) et les Bollandistes (6) l'ont réimprimée ; Mabillon également dans ses *Acta sanctorum ordinis S. Benedicti* (7), et le savant diplomatiste l'a attribuée au début du VIIIe siècle, avant la prise d'Arles par les Sarrasins en 738 (8). Cette biographie indique formellement que

(1) *Architecture romane du midi de la France*, t. II, p. 33.

(2) T. I, p. 541.

(3) Les seuls documents diplomatiques que les auteurs de la *Gallia christiana novissima* aient relevés concernant saint Virgile sont en effet des lettres du pape saint Grégoire le Grand qui lui étaient adressées. Elles sont comprises entre le mois de juin 591 et le 22 juin 601 (*Arles*, n°s 163 à 172).

(4) T. I, p. 87 à 94.

(5) *Vitae sanctorum*, t. III, p. 52 à 55.

(6) *Acta sanctorum*, mars, t. I, p. 399 à 402.

(7) T. II, p. 51 à 55.

(8) L'auteur de cette vie raconte en effet qu'on a constaté « per longinqua spatia temporum » après la translation des reliques de saint Étienne dans la nouvelle basilique, les effets de la protection

saint Virgile, ancien abbé de Lérins, construisit par dévotion dans sa ville une basilique dédiée à saint Étienne, qu'il y fit transférer en grande solennité et avec l'assistance de plusieurs évêques les reliques du premier martyr et de plusieurs autres bienheureux. Le même pontife aurait édifié aux Aliscamps une autre basilique en l'honneur du Sauveur et de saint Honorat et l'aurait fait desservir par une congrégation de moines établie par lui. C'est sans doute lors de sa construction que se serait accompli le miracle des colonnes de marbre, que la malice du diable empêchait de remuer.

Sans aller bien loin, il était d'abord une première observation à faire : c'est que Grégoire de Tours, contemporain de saint Virgile, signalant son élévation au siège d'Arles, a écrit qu'il était abbé d'Autun et non de Lérins (1). A cela, on a répondu ou que Grégoire de Tours était mal informé, ou que saint Virgile avait administré tout à la fois les deux abbayes (2).

Mais que dira-t-on s'il est prouvé que la vie de saint Virgile n'est qu'un vulgaire plagiat et se trouve entièrement apocryphe ? Il suffit de remarquer en effet, avec les savants auteurs de la *Gallia christiana novissima* (3), que cette biographie est copiée servilement

particulière de Dieu, qui n'a pas permis aux ennemis des Arlésiens d'entrer dans leur ville. Or, comme Arles a été prise par les Sarrasins en 738, il s'ensuivrait que ce récit aurait été antérieur à cet événement.

(1) *Historia Francorum*, liv. IX, chap. XXIII.

(2) Abbé Bernard, *op. cit.*, t. II, p. 12.

(3) *Arles*, col. 71. Cependant ces auteurs indiquent toujours le commencement du VIIIe siècle comme date de la confection

sur celle de saint Maxime, évêque de Riez, par Dynamius (1). Saint Maxime, né vers 400, fut effectivement abbé de Lérins en 426, où il succéda à saint Honorat; il fut nommé évêque en 433 et mourut le 27 novembre 460. Les faits de sa vie, déjà légendaire, furent recueillis, vers la fin du VIe siècle, par le patrice Dynamius, gouverneur de Provence, décédé en 601 (2). Que l'on compare les biographies de saint Maxime et de saint Virgile, toutes deux publiées par Vincent Barral qui n'a pas reconnu leur similitude, on retrouvera les mêmes faits énoncés par les mêmes phrases et par les mêmes mots, sauf que le *sanctus Maximus, episcopus Regiensis* a été transformé en *sanctus Virgilius, episcopus Arelatensis.*

Ainsi les deux prélats ont eu la même jeunesse, se sont distingués dès l'enfance par les mêmes vertus, sont entrés tous deux au monastère de Lérins, ont succédé tous deux à saint Honorat comme abbés, ont été nommés tous les deux évêques dans les mêmes circonstances, sont devenus tous les deux des bâtisseurs de basiliques (3), ont opéré tous les deux les mêmes miracles. Un seul fait est attribué en plus à saint

de la *Vie de saint Virgile.* Leur raisonnement a été sans doute le même que celui de Mabillon, mais je suis obligé de déclarer que le texte tout entier de cette vie, n'étant qu'un plagiat, ne peut fournir aucune donnée certaine sur la date de son appropriation à saint Virgile.

(1) Cette *Vie de saint Maxime* a été publiée par V. Barral, *op. cit.*, t. II, p. 120 à 126; Surius, t. XI, p. 611 à 613. — Cf. *Histoire littéraire de la France*, t. II, p. 357.

(2) Sur ce Dynamius et ses ouvrages, cf. *Histoire littéraire de la France*, t. III, p. 457 à 464 (p. 462 sur la *Vie de saint Maxime*).

(3) *Vie de saint Maxime :* « Templum in Rhegiensi castello in beati Albini honorem, quanta potuit animi devotione, condidit... » — *Vie*

Virgile, c'est la construction de Saint-Honorat (1); un seul miracle a été modifié dans ses détails, celui des colonnes de marbre qu'à Riez les bœufs ne pouvaient pas traîner, et que les ouvriers d'Arles n'arrivaient pas à dresser (2). Sauf ces quelques changements, tout est semblable, même le transfert des reliques dans la basilique nouvellement édifiée, même le fait que, lors de cette cérémonie, les officiants en vinrent par hasard à chanter le verset : *Haec porta Domini, justi intrabunt in eam,* au moment où ils franchissaient la porte de la ville (3).

de saint Virgile : « Basilicam in honore sancti Stephani protomartyris Christi, intra urbem Arelatensem, fideli qua poterat devotione, construxit... ».

(1) *Vie de saint Virgile :* « Dedicavit autem idem beatus antistes basilicam quam construxit, in honore Salvatoris Domini nostri Jhesu Christi et beati Honorati confessoris, atque ibidem ordinem constituit monachorum servientium Deo ».

(2) Le miracle s'accomplit à Riez lors de la construction de l'église de Saint-Aubin ; dans la *Vie de saint Virgile,* ce récit précède immédiatement l'annonce de la dédicace de Saint-Honorat.

(3) *Vie de saint Maxime :* « Neque illud ob confirmandos Rhegiensium animos omittendum putavimus, quod cum beatissimus antistes ad basilicam ab ipso constructam sacras reliquias summo cum honore psallendo adduceret, ubi ad urbis portam ventum est, ab improviso versus est ille ordine occurrit : Haec porta Domini, justi intrabunt in eam. Unde procul dubio colligi potest ejus precibus urbem illam adeo esse munitam ut, sicut hactenus, Christo propitio, nullus hostium incursus longo temporum intervallo pertulit, ita deinceps quoque, Deo favente, minime perpessura sit... » — *Vie de saint Virgile :* « Sed nec hoc ad confortanda corda Arelatensium esse censuimus omittendum quod, dum beatissimus antistes ad ipsius basilicae templum, quod cum magna devotione construxerat, cum ceteris episcopis qui ad dedicationem templi convenerant, psallendo sacras cum honore maximo reliquias beati Stephani vel aliorum sanctorum adveheret, in ipsius urbis porta

Faut-il donc ajouter foi à ce récit en tant qu'il se rapporte à saint Virgile ? Personne ne le pensera. Rejetons par conséquent dans le domaine de la pure légende les constructions de ce prélat et, en particulier, cette basilique virgilienne autour de laquelle tous les auteurs arlésiens et tous les historiens de Saint-Trophime ont brodé leurs récits (1). Il n'y a aucune preuve que la basilique de Saint-Étienne, où ont pontifié et prêché saint Hilaire et saint Césaire, ait été détruite à la fin du VIe siècle ; il n'y a aucune preuve des fondations pieuses et constructions religieuses de saint Virgile. Ici, la tradition, reposant sur un texte aussi évidemment apocryphe, doit même être complètement écartée et il n'en faut pas tenir compte.

*
* *

S'il est encore une vérité admise par les historiens depuis la publication, en 1629, du *Pontificium Arelatense* du chanoine Saxi, c'est que la horde barbare des Sarrasins eut un respect relatif pour la basilique prétendue virgilienne ; elle se serait contentée de la piller et d'imposer un tribut aux chrétiens qui la fréquentaient. C'est encore malheureusement une légende, qu'il est nécessaire d'extirper du domaine historique.

improvise versus iste ex ordine sic venit : Haec porta Domini, justi intrabunt per eam. Quod procul dubio intelligendum est, urbis memoratae portam sic ejus orationibus munitam, ut sicut hactenus per longinqua spatia temporum, propitiante Deo, nunquam esse comprobatur irrupta...».

(1) Le t. II du livre de M. l'abbé Bernard a comme sous-titre : *La basilique virgilienne*. M. l'abbé Constantin a aussi (p. 36) un paragraphe intitulé : *La basilique de saint Virgile*; etc.

Quelle preuve en effet avait donnée Saxi (1)? Le témoignage de Samson, abbé de Saint-Zoïle à Cordoue, mort en 890, qui effectivement vécut en Espagne au milieu des Arabes. Ce chroniqueur rapporte que les Musulmans avaient rendu leurs tributaires toutes les basiliques de sa ville, c'est-à-dire de Cordoue, et prélevaient un impôt sur toutes les offrandes qui leur étaient faites (2). S'ils ont agi ainsi à Cordoue, après une possession du pays deux fois centenaire, au milieu d'une population de chrétiens qui avaient eu tout le temps de rebâtir leurs temples, doit-on, en bonne logique, conclure qu'ils n'ont pas eu une autre conduite dans une région entièrement hostile, où ils ont dû avoir constamment les armes à la main, où ils n'ont pas réussi à se maintenir plus de trois ou quatre années et où l'on sait qu'ils ont accumulé ruines sur ruines? Poser la question, c'est la résoudre.

D'ailleurs Saxi lui-même, qu'on a suivi aveuglément en cette occasion, s'était déjà contredit au chapitre consacré à saint Virgile. « Il viendra bientôt le temps, écrivit-il, où l'implacable ennemi des hommes, la horde sarrasine, n'épargnera ni la ville, ni les temples, ni les

(1) P. 162. — Le texte de Saxi a été reproduit par M. Révoil (t. II, p. 34), qui a supprimé dans la citation tout ce qui pouvait montrer qu'il s'agissait de Cordoue et non d'Arles.

(2) « Sed cur templum divo Stephano a Virgilio dicatum... a gente barbara... non est excisum? Sanson, Sancti Zoili abbas, qui inter ipsos Saracenos degens sanctitate claruit, his verbis indicat. Omnes, inquit, basilicas urbis *(Cordubae scilicet)* tributarias fecit esse et impurus hostis (nempe Saracenus) de purissimis oblationibus fidelium in usum templi collatis dominici, thesauros fisci inhiatus est ampliare... Exigebat siquidem gens avara a christianis tributum, ut solito more templa frequentarentur. » (Saxi, p. 162).

citoyens, mais détruira tout par le pillage, le meurtre et l'incendie » (1). D'autres auteurs arlésiens ne sont pas plus conséquents avec eux-mêmes et font un tableau effroyable de la désolation de la ville au VIIIe siècle (2). Examinons donc attentivement les textes.

Une constatation s'impose d'abord : c'est que, pour la période comprise entre les années 683 et 794, il ne subsiste aucun acte relatif à l'église d'Arles (3). Cette lacune ne lui est pas particulière : il faut reconnaître qu'elle s'observe encore, pour les mêmes motifs, dans l'histoire des églises de la région (4). Donc, de

(1) « Aderit enim aliquando saeculum, quo ferocissimus mortalium hostis (Sarracenus scilicet) nec urbi, nec templis, nec civibus parcet; imo praeda, caede et incendio cuncta deformabit. Virgilii igitur sanctitati et meritis dandum est, quod illo vivente, nulli sint in provincia Arelatensi motus excitati. » (Saxi, p. 151.)

(2) Cf. Abbé Bernard, t. II, p. 78: Les Sarrasins « firent à Arles ce qu'ils avaient fait ailleurs, les habitants furent massacrés, leurs biens pillés, les édifices publics renversés et la ville livrée aux flammes; ils s'acharnèrent principalement sur tout ce qui avait un caractère religieux, le clergé, les religieux, les monastères, les églises. On en a fait l'observation, et elle est juste: ils s'étaient conduits en conquérants sur les terres des Goths, ils se conduisirent en brigands dans celles des Francs », etc. — L'abbé Constantin, p. 49, pour expliquer la conservation de la basilique virgilienne, prétend que les destructions d'églises « n'entraient pas dans les habitudes des Sarrasins, lesquels épargnaient ces lieux vénérés, sauf à imposer un péage aux chrétiens qui voulaient y entrer ».

(3) Cf. *Gallia christiana novissima, Arles*, col. 77.

(4) Ainsi, il n'est pas de nom d'évêque connu pour Aix de 636 à 828: *Gallia christiana novissima, Province d'Aix*, col. 37; pour Apt, de 614 à 853: *Idem*, col. 206-207: pour Fréjus, de 636 à 909: *Idem*, col. 328-330; pour Gap, de 700(?) à 876: *Idem*, col. 461 ; pour Sisteron, de 614 à 812: *Idem*, col. 672; pour Marseille, de 683 à 780: *Idem*, *Marseille*, col. 32 et 33; pour Cavaillon, de 589 au Xe

683 à 794, il semble que la vie religieuse ait été complètement suspendue à Arles : alors qu'auparavant la série des évêques est à peu près complète depuis le début du IIIe siècle, on n'a plus aucun nom pour cette période (1). Il est possible même que, par suite du malheur des temps, l'église d'Arles soit restée veuve de pontife pendant de longues années (2).

Les premières approches des Sarrasins eurent lieu en 720 : cette année, ils s'avancèrent jusqu'à Nimes ; mais ils ne paraissent pas avoir franchi le Rhône (3). En 734, grâce à la complicité de Mauronte, duc ou comte de Marseille, menacé dans son indépendance par Charles Martel, les Arabes prirent possession, pacifiquement dit une chronique (4), de la ville d'Arles, s'emparèrent des trésors de la cité et pendant quatre années ravagèrent toute la province (5). Leurs dévastations,

siècle ; pour Nimes, de 680 environ à 788 ; pour Uzès, de 673-75 à 841 ; pour Orange, de 585 à 827-839 ; pour Vaison, de 685 à 879 ; pour Avignon, de 700 environ à 853, etc. Abbé Duchesne, *Fastes épiscopaux*, t. I, p. 255 à 304. — Il n'est aucun compte à tenir des souscriptions du faux concile de Narbonne de 788, qu'on a prétendu utiliser pour dresser la liste des évêques du sud-est de la France.

(1) Cf. Abbé Duchesne, *op. cit.*, t. I, p. 247 et suiv.

(2) Voir au sujet de la désolation des églises franques, la lettre de saint Boniface au pape Zacharie, citée par la *Gallia christiana*, t. I, col. 544.

(3) *Annales d'Aniane*, publiées dans l'*Histoire générale de Languedoc*, 2e édit., t. II, col. 4.

(4) « Arelato civitate pace ingreditur » : *Annales d'Aniane*, *loc. cit.*, col. 5.

(5) Sur les exploits des Sarrasins en Provence, il faut lire surtout A. Molinier, dans l'*Histoire générale de Languedoc*, 2e édit., t. II, p. 553, n. 118. — Cf. aussi t. I de cette *Histoire*, p. 803 à 809. — Les textes, malheureusement, sont très rares et les chroniques ne suppléent pas à leur absence.

qui s'étendaient aussi sur le territoire d'Avignon occupé par eux, ne cessèrent que lorsque Charles Martel, avec une armée de Francs et de Burgondes, força la ville d'Avignon, massacra les Sarrasins qu'il y trouva et courut mettre le siège devant Narbonne (1). Les Sarrasins d'Arles ne l'attendirent pas pour s'éloigner ; derrière eux, ils ne laissèrent que des ruines. Quand ils sortirent de l'amphithéâtre où ils s'étaient entassés et fortifiés, les Arlésiens, au dire de l'érudit archéologue qui a étudié *Arles antique* et qui a retrouvé toutes les traces des destructions systématiques opérées à cette époque, virent « les maisons en cendres, les grands monuments noircis et calcinés par les flammes, le territoire dépeuplé, le double port désert », les anciens remparts de César et d'Auguste renversés (2). Partout la désolation et la mort.

C'est dans ces conditions que, seule debout au milieu de cet amas de ruines, serait restée intacte la basilique de Saint-Étienne ! Ce n'est pas admissible un moment. Ah ! si le peuple envahisseur et destructeur avait eu une vénération particulière pour les saints honorés dans ce temple, s'il avait attaché à sa conservation une importance exceptionnelle, on comprendrait à la rigueur qu'il ait pu le respecter. Mais ici, il s'agit des Sarrasins, de ceux que leurs contemporains appelaient les plus farouches ennemis du nom chrétien ! Inutile d'insister davantage.

Les Arabes, en quittant Arles en 738, n'avaient pas dit un adieu définitif à son territoire (3). Cependant,

(1) *Annales d'Aniane*, *loc. cit.*, col. 6.

(2) Auguste Véran, *loc. cit.*, p. 292.

(3) C'est encore l'occasion de rappeler que Charles Martel, après

on reste un siècle entier sans relever de mention de leurs incursions et jamais plus ils ne pénétrèrent dans l'enceinte fortifiée que les Arlésiens avaient restaurée autour de leur cité. Ils sont signalés de nouveau en 842 (1), puis en 850, époque à laquelle ils remontent le Rhône et ravagent ses rives (2). En 859, les pirates danois viennent les aider dans leurs dévastations, pillent le pays jusqu'à Arles et Nimes, s'établissent dans la Camargue d'où ils s'élancent l'année suivante jusqu'à Valence ; mais bientôt ils sont forcés d'évacuer la Camargue et partent pour l'Italie (3). En 869, nouvelle apparition des Sarrasins dans la Camargue, où l'archevêque Rotland faisait élever à la hâte un *castellum* en terre où il se réfugia dès leur arrivée, ce qui ne l'empêcha pas d'être capturé (4). Par toutes ces invasions, à la fin du IXe siècle, la Provence était réduite en un véritable désert et les témoignages abondent de sa désolation (5). Ces temps malheureux

ses conquêtes du Midi, distribua à ses fidèles les terres des églises et contribua ainsi à prolonger la désolation dans laquelle elles se trouvèrent après le départ des Sarrasins.

(1) *Annales Bertiniani*, édit. Waitz, dans les *Monumenta Germaniae historica in usum scholarum*, p. 28.

(2) *Idem*, p. 30.

(3) *Idem*, p. 51. — Sur cette invasion, cf. Poupardin, *Le Royaume de Provence sous les Carolingiens*, p. 23-24.

(4) *Idem*, p. 106 ; *Gallia christiana novissima, Arles*, n° 211 ; Poupardin, p. 248-249.

(5) Je citerai seulement pour Arles ces passages du testament de l'archevêque Rostang, daté du 6 juin 897 : « Seculi primum originale peccatum, dum cuncta auferret speciosa mundi, ipse inventor peccati sub eodem vinculo corruptionis prosequi non desinit usque presentem diem, unde et nunc diversa loca sanctorum olim pulchra modo apparent deserta... Oppressione tamen paganorum

durèrent encore de longues années (1), et ce n'est guère que dans le dernier quart du Xe siècle que l'on aperçoit les premières lueurs d'une renaissance, favorisée par l'expulsion définitive des Maures et des pirates, qui dévastaient les bords du Rhône et les rivages de la Méditerranée (2).

J'ai fait remarquer qu'après l'unique occupation d'Arles par les Arabes de 734 à 738, la crainte des armes et la force du gouvernement de Charles Martel et de Charlemagne avaient maintenu à l'écart du territoire de la Provence ses terribles envahisseurs. Avec surtout l'appui du grand empereur à la barbe fleurie purent s'effectuer ces restaurations d'édifices religieux et ces constructions qui, de nouveau, couvrirent le sol et embellirent les cités. A vrai dire, la plupart de ces monuments ne devaient avoir qu'une durée très éphémère, surtout ceux qui se trouvèrent en dehors des enceintes fortifiées. Dans l'ouvrage que j'ai publié l'an dernier, j'ai montré combien cette renaissance

seviente ipsius loci [monasterii Sancti Johannis] unde Deo [virgines] sacrate sustentabantur deserte facte sunt, sicut et multe alie. » *(Gallia christiana novissima », Arles*, n° 233. — Voir encore les actes du concile de Valence de 890, publiés dans l'édition des *Capitularia regum Francorum* de Boretius et Krause *(Monumenta Germaniae historica)*, t. II, p. 376.

(1) Voir mes *Études d'histoire et d'archéologie romane. Provence et Bas-Languedoc*, t. I, p. 16, avec toutes les références qui y sont indiquées, surtout le chap. VII de l'ouvrage déjà cité de M. Poupardin.

(2) Voir la dédicace par l'archevêque d'Arles Itier, de l'église Saint-Michel de Cruas, « aecclesiam destructam quondam », 27 septembre 970 *(Gallia christiana novissima, Arles*, n° 273) ; l'acte de précaire du 19 juillet 975 : « videlicet ut aecclesiam rehedificaret », etc. *(Idem*, n° 277.)

carolingienne de la fin du VIIIe et de toute la première moitié du IXe siècle eut d'action (1).

La ville d'Arles n'y échappa certainement pas : elle se releva si bien de ses ruines que, dès 813, on revit dans ses murs une de ces assemblées d'évêques jadis si fréquentes. Le concile provincial qui, sur l'ordre de Charlemagne, se réunit alors, tint ses sessions *in basilica sancti Stephani, martyris primi* (2). De tout ce qui précède, il ressort qu'il serait bien extraordinaire que ce monument ait été celui de saint Hilaire et de saint Césaire. L'église métropolitaine avait donc été reconstituée ; j'ajouterai même que, selon toute vraisemblance, elle avait été rebâtie depuis peu de temps. Après le départ des Sarrasins en 738, il avait certainement fallu aux Arlésiens un certain nombre d'années pour parer aux besoins les plus pressants et réunir les ressources nécessaires à une pareille construction, ressources d'ailleurs difficiles et longues à se procurer après une dévastation aussi complète du pays.

A ces déductions, tirées des faits historiques, viennent s'ajouter les observations basées sur la forme des matériaux qui ont servi à construire les parties inférieures des murs latéraux à Saint-Trophime. Ils sont en effet caractéristiques de cette époque de renaissance carolingienne, dont il vient d'être question (3). Ils sont

(1) *Études d'histoire et d'archéologie romane. Provence et Bas-Languedoc*, t. I, p. 15.

(2) Labbe, *Concilia*, t. VII, col. 1230; *Gallia christiana novissima. Arles*, n° 192.

(3) Ce petit appareil se retrouve dans les murs les plus anciens de Saint-Honorat aux Aliscamps ; aussi le compilateur de la *Vie de saint Virgile* n'avait-il pas été mal inspiré en attribuant à ce pontife la construction des basiliques de Saint-Étienne et de Saint-Honorat. La date de la dédicace de cette dernière église serait de

entièrement semblables à ceux de la chapelle de Caseneuve, à Goudargues, qui a été bâtie aux environs de l'an 800 (1). Ce petit appareil régulier employé aux VIIIe et IXe siècles, par des constructeurs imbus encore des traditions romaines, offre de très notables différences avec les pierres plus épaisses et plus allongées qui, à l'époque mérovingienne, ont servi aux absidioles de la cathédrale de Vaison ; il se distingue encore par une bien plus grande régularité des moellons qui, à la fin du Xe siècle ou au début du XIe, ont été usités pour la réédification de cette même cathédrale (2).

Arles et Vaison se trouvaient presque aussi riches en monuments antiques et les architectes voconces, sous l'inspiration de leur évêque Humbert, prévôt de l'église d'Arles, ont certainement pris modèle sur les Arlésiens. Mais par contre cet appareil se rapproche beaucoup de celui qui a été employé au baptistère de Venasque. D'origine romaine, il s'est en effet perpétué avec des variations peu sensibles à travers les

603 d'après l'abbé Constantin, p. 224, qui se base sur des « lettres du 8 des calendes de juin de cette année, qui furent longtemps conservées aux archives des Bénédictines de Saint-Honoré de Tarascon », par lesquelles le pape saint Grégoire accordait à la *nouvelle* église divers privilèges. Cette lettre de saint Grégoire aurait-elle existé, qu'il faudrait démontrer que ce monument mérovingien n'a pas été détruit par les Sarrasins et rebâti à l'époque carolingienne.

(1) *Études d'histoire et d'archéologie romane. Provence et Bas-Languedoc,* t. I, p. 43 et 123.

(2) Cf. R. de Lasteyrie, *Saint-Quinin et la cathédrale de Vaison,* dans les *Mémoires de la Société des Antiquaires de France,* t. XLIX, 1888, p. 52 et 53. — La date que j'indique pour la reconstruction de la cathédrale de Vaison, sera défendue dans un mémoire que je prépare actuellement sur ce très intéressant édifice.

âges jusqu'au moment où la grande renaissance romane vint imposer de nouvelles habitudes. Cependant, dans les derniers temps, il s'était tellement altéré à Vaison, par exemple, qu'il ne présentait plus cette régularité parfaite que l'on observe encore à Goudargues et à Saint-Trophime.

La basilique de Saint-Étienne, citée dans le texte du concile de 813, remonterait donc, à mon avis, à la fin du VIIIe siècle et serait donc de deux siècles plus jeune qu'on ne l'avait jusqu'ici prétendu, sur la foi du biographe apocryphe de saint Virgile. Je rappelle que sa façade occidentale et ses murs latéraux, surtout dans les premières travées du vaisseau actuel, ont été conservés dans leur plus grande hauteur. On ne les suit plus dans la dernière travée, ni au transept, qui ont été entièrement refaits. Il ne peut être question ici de l'ancienne abside, dont les fondations seules ont été retrouvées en 1870 et qui, selon toute vraisemblance, a dû être rebâtie lorsqu'on a élevé le transept. Mais par contre, au sud de Saint-Trophime et en prolongement du croisillon droit du transept, a subsisté tout un corps de construction, qui semble être de la même époque que la basilique carolingienne. Il sert aujourd'hui de sacristie ; il faisait assurément partie de cet ensemble de bâtiments qu'il a été nécessaire de relever après le départ des Sarrasins, afin de loger l'archevêque et les clercs entretenus par lui pour le service de l'église métropolitaine.

La basilique carolingienne de Saint-Étienne n'était certainement pas voûtée, mais simplement recouverte d'une toiture à deux rampants portant sur des poutres apparentes. Il en a été de même pour la nef de la cathédrale de Vaison, rebâtie au début du XIe siècle.

A Vaison, le vaisseau central était flanqué de deux bas-côtés et ses arcades en plein cintre retombaient sur des piliers massifs de forme carrée (1). Sans aucun doute, la même disposition avait été adoptée à Arles où l'architecte de Vaison en avait pris l'inspiration. Au premier abord, on serait tenté d'attribuer à l'édifice de la fin du VIIIe siècle les piliers en croix, bâtis en moyen appareil grossièrement jointé, qui sont encore apparents à certains endroits dans la nef. Cette attribution ne serait, à mon avis, aucunement fondée, car j'établirai plus loin que la travée où ces supports se présentent d'une façon certaine a été refaite au XIe siècle.

Je serais donc fort disposé à admettre que tous les piliers primitifs ont disparu, lors d'une restauration de la basilique de Saint-Étienne, pour faire place à d'autres. Peut-être en a-t-on conservé seulement les fondations extrêmes : dans les appartements formés par les substructions romaines se voient celles du premier pilier de droite de la nef, pour l'établissement desquelles on a crevé la voûte ancienne d'une des chambres. Elles se composent de gros blocs de pierres taillées, disposées sans ordre apparent dans un amoncellement gigantesque. Dans ces matériaux, l'érudit M. A. Véran a reconnu des gradins et des débris du théâtre antique qui se trouvait tout près du chantier de construction. Il n'y a pas lieu de s'en étonner et d'attribuer à une époque précise cet emploi méthodique des matériaux tirés des monuments romains. Saint Hilaire le faisait au Ve siècle ; trois cents ans plus tard, les Arlésiens entassèrent pêle-mêle les pierres antiques en gros appareil qu'ils utilisèrent

(1) R. de Lasteyrie, *op. cit.*, p. 55.

pour la réfection de leurs remparts après le départ des Sarrasins (1). A la fin du XIIe siècle, ils prenaient, sur l'emplacement des monuments romains, des marbres pour orner le soubassement du portail de Saint-Trophime ; ils agirent de même, les récentes découvertes opérées sur la porte de l'Aure en témoignent, dans la seconde moitié du XIIIe siècle, quand ils restaurèrent certaines parties des mêmes remparts avec des matériaux romains (2). Au milieu du XVe siècle, lorsqu'ils voulurent marquer d'une magnifique pierre tombale la sépulture de leur archevêque Louis Allemand, ils la scièrent dans un fût de colonne du théâtre antique (3). Donc, ces fondations peuvent tout aussi bien être du temps de Charlemagne que d'une époque postérieure.

*
* *

Malgré les ruines accumulées, malgré les désastres des invasions qui se succédèrent sur le territoire arlésien jusqu'à la fin du Xe siècle, la ville archiépiscopale d'Arles, protégée par ses fortes murailles, vit restaurer peu à peu ses édifices religieux et ses monuments de dévotion (4). Le tombeau de saint Césaire, détruit par la rage scélérate des païens, fut refait en

(1) A. Véran, *Arles antique, loc. cit.*, p. 294, note 1.

(2) A. Véran, *Rapport sur les fouilles du rempart d'Arles en 1902 et restitution de l'arc Admirable*, dans le *Bulletin archéologique du Comité des travaux historiques*, 1903, p. 216.

(3) Ce morceau de marbre est encore conservé dans l'église de Saint-Trophime.

(4) Sur la prospérité d'Arles au début du Xe siècle, cf. Poupardin, *Le royaume de Provence sous les Carolingiens*, p. 199. Faut-il rap-

marbre par l'archevêque Rostang en 882 (1) ; l'abbaye fondée par le même saint se reconstitua (2). Le dernier tiers du Xe siècle vit à peu près cesser les malheurs et les calamités qui désolaient les Arlésiens ; de nouveau la terre de la campagne pouvait être cultivée avec l'espoir d'en recueillir les récoltes, l'église d'Arles retrouvait au moins quelques-unes de ses ressources d'autrefois (3) ; en dehors de l'enceinte fortifiée, les édifices religieux commençaient même à se relever de leurs ruines (4).

Est-ce l'époque que l'on choisit pour reprendre

peler la phrase de la lettre du pape Jean VIII à l'impératrice Ingelberge, datée du 11 mai 878 ? « Ecce Arelatem regni deliciarum vestrarum sani intravimus ». Elle prête malheureusement à confusion.

(1) *Gallia christiana novissima, Arles*, n° 133.

(2) Cf. le testament de l'archevêque Rostang, du 6 juin 897, qui comporte donation à ces religieuses (*Idem*, n° 233).

(3) Les actes concernant l'église d'Arles et ses possessions, assez clairsemés depuis le VIIIe siècle, recommencent à être nombreux dès 949 (*Idem*, n° 251), mais surtout depuis 967 (*Idem*, n° 266).

(4) Il est question d'une église de Saint-Pierre *in comitatu Tramsinense* en 951 (*Idem*, n° 252) ; plusieurs sont signalées dans le *Breve de terris quas Manasses archiepiscopus in dominio suo tenuit* (*Idem*, n° 261, s. d.) ; une chapelle de Saint-Martin, dans la *villa* de *Subcarnio*, est marquée dans le comté d'Arles en 967 (*Idem*, n° 268) ; une église de Saint-Laurent se trouvait près des murs d'Arles vers 972 (*Idem*, n° 275) ; l'église de Saint-Hippolyte était concédée en précaire en 975 pour être rebâtie (*Idem*, n°s 277 et 278) ; au lieu dit *Lacuna*, en Argence, était une église de Saint-Pierre, en 977 (*Idem*, n° 280) ; l'abbaye de Saint-Gervais était fondée à Fos en 989 (*Idem*, n° 291). Je n'indique ici que les églises dans les environs d'Arles. C'est surtout au XIe siècle qu'on relève une foule de dates pour la reconstruction des monuments religieux, mais, il faut bien le remarquer, ce mouvement de restauration avait commencé dès le dernier tiers du siècle précédent.

l'œuvre de saint Trophime et agrandir la basilique? Avant d'essayer de résoudre cette question, dont je ne veux pas me dissimuler toute la difficulté, une remarque s'impose. Antérieurement aux invasions sarrasines, le corps du premier évêque d'Arles, de ce saint Trophime, dont une tradition plus ou moins légendaire a fait, dès le Ve siècle, un disciple des apôtres et un délégué de saint Pierre dans les Gaules (1), ce corps vénéré, dis-je, était conservé aux Aliscamps (2). Au Xe siècle, dès la date approximative de 972, il se trouvait dans la basilique de Saint-Étienne (3). A quel moment y était-il venu? Mystère. On a prétendu qu'il y avait été apporté par crainte des Arabes et de leurs dévastations (4). Il est à peu près certain en effet que, justement inquiets sur le sort des restes de leurs premiers évêques et de leurs martyrs, les Arlésiens n'avaient pas hésité à les transférer à l'abri de leurs remparts. Mais ce palladium sacré ne l'auraient-ils pas mis en sûreté dans l'amphithéâtre romain, cette forteresse où ils s'étaient eux-mêmes entassés en 734, abandonnant le reste de la ville à leurs envahisseurs? Si la basilique

(1) Voir surtout la lettre des évêques d'Arles au pape saint Léon, de 450 (*Gallia christiana novissima, Arles*, n° 65). — Cf. abbé Duchesne, *Fastes épiscopaux*, t. I, p. 101, 104, etc.

(2) Voir l'extrait du martyrologe d'Arles-Toulon, publié par les abbés Albanès et Chevalier, *Gallia christiana novissima, Arles*, n° 9; et l'épitaphe de saint Trophime (bien postérieure à sa mort), publiée par Saxi, *Pontificium Arelatense*, p. 3; Trichaud, *Histoire de la sainte église d'Arles*, t. I, p. 96; Albanès et Chevalier, n° 3213.

(3) *Gallia christiana novissima, Arles*, n° 275: « ad basilicam Sancti Stephani, protomartiris Christi, ubi sanctus Trophimus preciosus corpore requiescit ».

(4) Abbé Constantin, p. 49.

de Saint-Étienne se trouvait tellement exposée qu'elle fut complètement ruinée (1), la simple prudence ne leur conseillait-elle pas de déposer ailleurs ce qu'ils considéraient comme leur trésor le plus précieux, et de le garder dans une retraite sûre, tant qu'ils auraient à redouter les menaces de leurs ennemis? Malheureusement, on ne peut formuler à ce sujet que de simples hypothèses, sans présenter aucune preuve. Il faut cependant remarquer que les reliques de saint Genès, jadis aux Aliscamps, furent conservées pendant ces mauvais jours dans l'Amphithéâtre, où s'éleva l'église de Saint-Genès-aux-Arènes (2).

Vers 972, le corps de saint Trophime est dans la basilique métropolitaine de Saint-Étienne, voilà le fait certain. Il continue à s'y trouver avant 992 (3), en 1020 (4), vers 1030 (5), en 1038 (6), en 1052 (7), en sep-

(1) Même en admettant que les Sarrasins aient conservé l'église de Saint-Étienne et se soient contentés de la piller, il était vraiment inutile d'enlever les corps saints des Aliscamps pour les laisser ainsi exposés à la fureur dévastatrice des ennemis. Ils n'étaient pas plus en sûreté à un endroit qu'à un autre.

(2) Cette église a disparu en 1826 (abbé Bernard, t. I, p. 119); on ignore la date de sa construction, mais certainement elle se rattache au souvenir de la présence du corps de saint Genès dans l'Amphithéâtre.

(3) *Gallia christiana novissima, Arles*, nos 293 et 294.

(4) *Idem*, no 315.

(5) *Idem*, no 327.

(6) *Idem*, no 354. — Tous les actes, auxquels je viens de faire ici allusion, sont les serments prêtés entre les mains du métropolitain d'Arles par ses évêques suffragants; à partir de 1044, la formule change et ne signale plus la présence du corps de saint Trophime dans la basilique de Saint-Étienne.

(7) *Idem*, no 386. — Cf. abbé Bernard, t. II, p. 179, 180, avec la date de 1062; abbé Constantin, p. 48.

tembre 1061 (1), et enfin vers 1078 (2) ; mais on n'en trouve plus mention à la fin du XIe ni dans la première moitié du XIIe siècle. On observe en même temps un fait très symptomatique : la basilique, qui jusqu'alors avait toujours porté le nom de Saint-Étienne, commence à être placée sous le vocable de saint Trophime (3). Déjà, dès le premier quart du IXe siècle, on semble avoir voulu mettre l'église métropolitaine sous l'invocation soit de la Vierge, soit de saint Genès (4) ; mais les textes où se trahirait cette préoccupation, ne sont pas d'une clarté suffisante, et il est plus vraisemblable qu'il y est fait allusion à des églises distinctes, dont les biens étaient réunis entre

(1) *Gallia christiana novissima*, *Arles*, n° 414. — Cf. abbé Constantin, p. 48.

(2) *Idem*, n°s 431 et 434.

(3) Dans un diplôme de Boson, roi de Provence, en faveur de l'archevêque Rostang, vers 880, on rappelle déjà le souvenir de saint Trophime : « Cuncti ... monachi ... sub tuicione consistant Rostagni, praesulis Arelatensis, universorumque sequacium ejus in eadem sede sancta, ob honorem Domini, Stephano protomartyri sacerrimo, pariterque primo ipsius urbis antistiti Trophymo serviturorum » *(Idem*, n° 218). — Mais je crois que si le nom de saint Étienne est ici marqué, c'est comme patron de l'église d'Arles, et si le nom de saint Trophime est cité après lui, c'est comme prédécesseur de l'archevêque Rostang et premier évêque d'Arles, et non comme copatron de l'église.

(4) 7 novembre 824 : « Partibus Sanctae Mariae et Sancti Stephani vel Sancti Genesii, et ad Notonem, archiepiscopum arum ecclesiarum... Aliqua particula de ecclesiarum rebus Sanctae Marie, Sancto Stephano vel Sancto Genesio » *(Gallia christiana novissima, Arles*, n° 195). — 3 janvier 825 : « De ratione Sanctae Marie et Sancti Stephani vel Sancti Genesii » *(Idem*, n° 196). — 11 mars 871 : « De vinea que est racione Sanctae Mariae necnon et Sancti Stephani protomartiris... Partibus Sanctae Marie et Sancti Stephani... ipsa vinea... revertatur » *(Idem*, n° 212).

les mains de l'archevêque (1). Il en est tout autrement à la fin du Xe siècle (2). Vers 992, une convention fut passée entre un prêtre, du nom de Jean, et les chanoines de Saint-Trophime ou de Saint-Étienne (3). Remarquons même que déjà, dans ce premier acte, le nom de l'apôtre d'Arles précède celui du premier martyr.

Saint Trophime avait eu cependant un rival : saint Césaire, dont on trouve aussi pour la première fois le nom accolé à celui de saint Étienne, pour désigner la cathédrale, le 10 mars 985 (4). Mais tandis que ce vocable n'était plus employé qu'au mois d'août 987 (5) et vers 1007 (6), celui de Saint-Trophime se rencontrait de plus en plus fréquemment à côté de celui de Saint-Étienne : en 1003-1009 (7), 1008 (8), 1011 (9),

(1) Le Saint-Genès dont il est question dans la note précédente pourrait être Saint-Genès-aux-Arènes.

(2) Le nom de Saint-Étienne seul se trouve dans des actes de janvier 920 (?) (*Gallia christiana novissima, Arles*, n° 241) ; 1er février 921 (*Idem*, n° 243) ; 21 mars et juin 923 (*Idem*, n°s 2492 et 244) ; 7 octobre 949 (*Idem*, n° 2498) ; 14 août 954 (*Idem*, n° 2499) ; 26 avril 972 (?) (*Idem*, n° 2501) ; 9 (?) avril 977 (*Idem*, n° 2503), etc.

(3) « Et canonicos aecclesie Sancti Trophimi vel Sancti Stephani » (*Idem*, n° 297).

(4) « Concedimus vobis et ad sanctam Dei ecclesiam Sancti Stephani vel Sancti Cesarii... sanctae Mariae genitricis Dei, sanctique Stephani et sancti Cesarii, omniumque sanctorum merita incurrat » (*Idem*, n° 286).

(5) *Idem*, n° 290 : « De alodem Sancti Stephani vel Sancti Cesarii ».

(6) *Idem*, n° 302 : « De terra Sancti Stephani vel Sancti Cesarii... Ad sanctam Dei aecclesiam Sancti Stephani vel Sancti Cesarii ».

(7) *Idem*, n° 299 : « Canonici Sancti Stephani vel Sancti Trophimi... Ante altare Sancti Salvatoris, Sancti Stephani, vel Sancti Trophimi ».

(8) *Idem*, n° 303 : « Sancto Stephano et Sancto Trophimo et canonicis ibidem servientibus ». — N° 304, 26 février 1008. — N° 2507, 25 mars 1008. — N° 2508, 29 décembre 1008 (?).

(9) *Idem*, n° 307. — Cette charte a ceci de remarquable qu'elle

1014 (1), 1029 (2), vers 1032 (3), 1040 (4), 1043 (5), 1047 (6), 1048 (7), 1052 (8), etc., jusqu'en 1105 (9). Puis, alors que le nom d'*ecclesia Sancti Stephani*, sans adjonction d'autre vocable, était de plus en plus rarement usité pour ne plus l'être du tout après 1033 (10), celui d'*ecclesia Sancti Trophimi* prenait sa place dès 1078 (11), pour finir par le supplanter presque complètement (12). Au XIIe siècle, sauf dans quelques exemples appartenant aux années 1105 (13), 1142 (14), 1180 (15), 1186 (16), 1195 (17), puis à l'an

reproduit les termes d'une autre du 9 juin 981 (*Idem*, n° 285), mais en substituant les « canonici Sancti Stephani vel Sancti Trophimi » aux « canonici Sancti Stephani » de 981.

(1) *Gallia christiana novissima, Arles*, n° 312.

(2) *Idem*, n° 319.

(3) *Idem*, n°s 334, 335, 337.

(4) *Idem*, n°s 359, 363.

(5) *Idem*, n° 369.

(6) *Idem*, n° 378.

(7) *Idem*, n°s 380, 381.

(8) *Idem*, n° 386. — N° 388, janvier 1053. — N° 2512, année 1054 (?). — N° 414, septembre 1061. — N°s 428, 2513, 2514, vers 1070. — N°s 429, 431, 432, 434, année 1078. — N°s 441, 442, année 1082. — N° 452, année 1091.

(9) *Idem*, n° 464, 31 janvier 1105.

(10) *Idem*, n° 301, juin 1006. — N° 305, 29 décembre 1008 (?). — N° 309, mars 1014. — N° 341, 21 mars 1033.

(11) *Idem*, n° 433.

(12) *Idem*, n° 444, année 1090. — N° 485, vers 1116. — N° 488, août 1118. — N° 516, 19 octobre 1129. — N° 2522, année 1139. — N° 552, 28 mars 1144, etc.

(13) *Idem*, n° 464.

(14) *Idem*, n° 543.

(15) *Idem*, n° 647.

(16) *Idem*, n° 658.

(17) *Idem*, n° 704.

1202 (1), où l'on parle de Saint-Trophime et de Saint-Étienne, on ne place plus la cathédrale que sous le seul vocable de saint Trophime. Cette appellation commença donc à être usitée vers l'époque où le corps de l'apôtre arlésien est signalé pour la première fois dans la basilique de Saint-Étienne; aussi, suis-je persuadé que la translation des reliques de saint Trophime dans l'église métropolitaine était fort récente à la date approximative de 972, indiquée ci-dessus. En même temps, on avait très vraisemblablement fait une translation semblable du corps de saint Césaire, car à cette époque on a une tendance à placer la basilique de Saint-Étienne sous le patronage de cet autre évêque de mémoire vénérée.

Pour une période aussi obscure, où les textes sont si peu explicites, est-il dangereux et excessif de tirer ces conclusions? Je ne le crois pas. Mais justement ces translations, rapprochées des observations que nous allons maintenant faire d'après le monument lui-même, vont peut-être nous permettre de fixer la date d'une partie des remaniements de l'édifice.

J'ai déjà observé en effet que toutes les constructions de Saint-Trophime en moyen appareil n'ont pas le même aspect: par conséquent il y a lieu de croire qu'elles ne remontent pas à une seule et même époque. Le transept, dont les angles sud-ouest et nord-ouest sont renforcés par des tours carrées contenant intérieurement un escalier tournant, présente, aussi bien au dedans qu'au dehors, un caractère assez archaïque que l'on ne rencontre pas dans les autres parties de l'église restaurées : les pierres qui ont servi

(1) *Gallia... Arles*, n° 749.

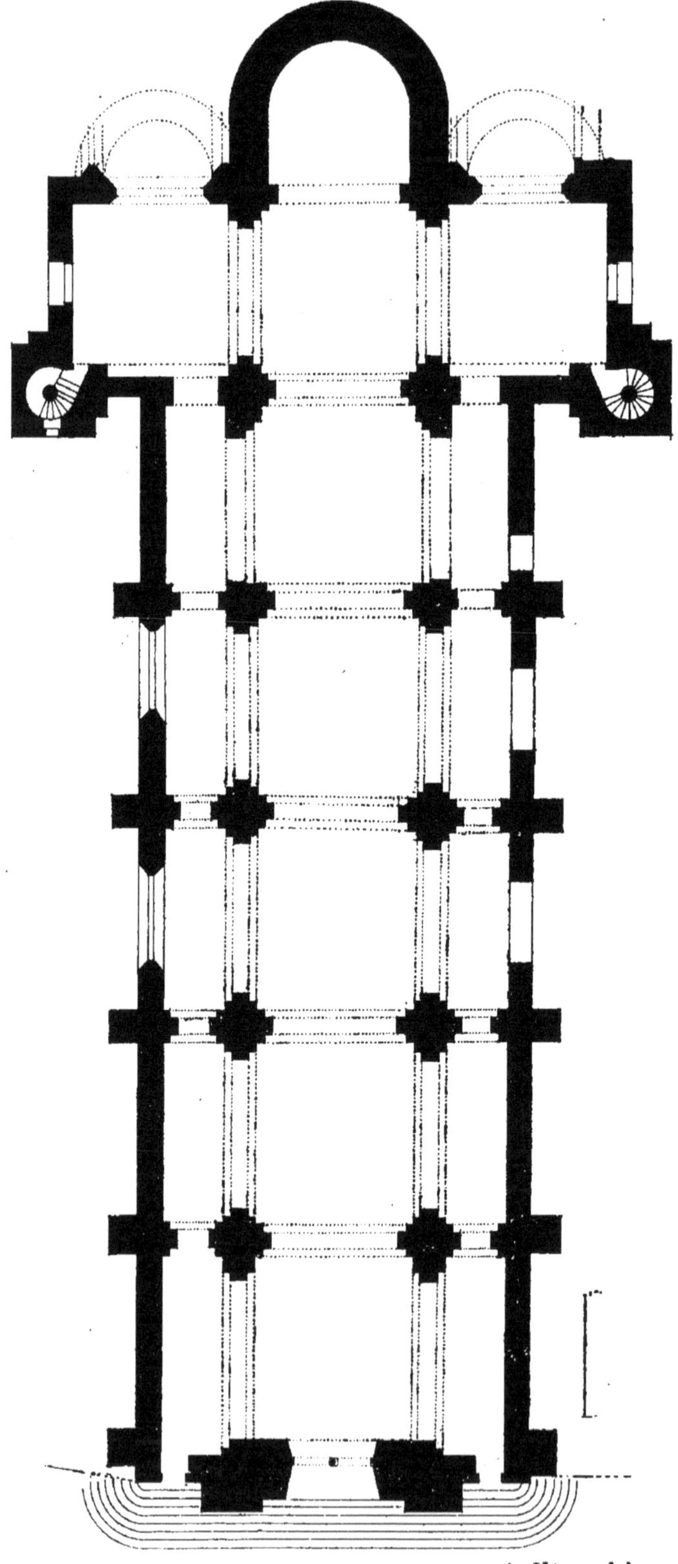

A. Véran, del.

Plan de Saint-Trophime d'Arles.

DÉBUT DU XIIIe SIÈCLE.

à l'édifier sont séparées par d'épais lits de mortier, elles ne sont ornées d'aucune taille, d'aucune marque de tâcherons. Les croisillons du transept sont tout simplement recouverts d'une voûte en blocage. Le carré est, il est vrai, surmonté d'une coupole sur trompes, mais ces trompes en cul-de-four sont d'un tracé extrêmement gauche et toute la voûte est maçonnée avec des moëllons cassés au marteau et très irréguliers (1).

Faut-il faire encore un rapprochement typique? A Vaison, dans la partie de la cathédrale qui appartient à la restauration de la fin du Xe siècle, c'est-à-dire dans la travée qui sépare la coupole de l'abside, les murs latéraux sont aussi en moyen appareil rudimentaire et présentent de très gros joints; la voûte est également en moellons simplement équarris et irréguliers. La ressemblance est assez caractéristique: cet avant-chœur de Vaison et ce transept d'Arles sont des constructions à peu près contemporaines. Si la première semble tout d'abord moins soignée que la seconde, cela tient uniquement à la maladresse des ouvriers. La restauration de la cathédrale de Vaison, je le rappelle, a été entreprise après celle de Saint-Trophime, qui lui a servi de modèle, au moins pour quelques-uns de ses éléments. Or, si l'on trouve dans les parties restaurées de Vaison, des caractères constatés à Arles, c'est donc que ceux-ci préexistaient. Je suis par conséquent fondé à placer l'édification du

(1) Il y a lieu de se rappeler que la partie centrale de cette voûte a été restaurée en 1870. Dès le XVe siècle on y avait pratiqué une ouverture pour le passage de la châsse monumentale que l'on descendait une fois par an de la chapelle édifiée à l'intérieur du clocher.

transept de notre basilique vers le milieu du Xe siècle je la reporterais même plutôt après 950 qu'auparavant : il suffit qu'elle ait été terminée à l'époque où eurent lieu les translations des corps saints, c'est-à-dire avant 972.

Dans les textes de cette seconde moitié du Xe siècle on relève une expression où l'on serait tenté de voir la désignation des travaux alors effectués : il y est question en effet de concessions *ad opus Sancti Stephani* (1). Faut-il traduire *à l'œuvre de la construction de l'église Saint-Étienne ?* Malgré tout le désir que j'aurais d'étayer mon raisonnement par des textes précis, je ne crois pas qu'il soit possible d'adopter cette interprétation (2).

Au-dessus de la coupole du transept était un clocher de forme octogonale, auquel on accédait à droite et à gauche par les degrés des escaliers signalés ci-dessus. Il a été démoli plus tard pour faire place à la tour rectangulaire qui existe encore, mais il en a subsisté quelques traces à la base du clocher actuel, tout à fait au débouché des petits couloirs amenant du sommet des escaliers à l'intérieur de cette tour.

Dans l'église, les murs latéraux des croisillons sont

(1) Novembre 961 : « Donavit Aicardus... pro ista commutatione suprascripta, ad opus Sancti Stephani, vel Vuarmunno, vel cujus beneficius erit... » *(Gallia christiana novissima, Arles,* n° 260). — 9 (?) avril 977 : « Ibique dono opus Dei et Sancti Stephani Arelatensis ad cannonicos ibidem servientibus... » *(Idem,* n° 2503). — 985 : « Accepimus nos alium alodem ad opus Sancti Stephani et canonicis in comutatione... » *(Idem,* n° 282). — Cf. encore août 987 : « Et per queque anno, dones sextarios II de oleo aut solidatas II de cera, in vestitura, ad opus Sancti Cesarii » *(Idem,* n° 290).

(2) On la retrouve encore à la date du 28 mars 1014 : « Primum muniant canonicos, si emere voluerint ad opus Sancti Stephani » *(Idem,* n° 312).

L.-H. Labande, phot.

Transept de Saint-Trophime.

décorés d'arcatures épaisses, quelques-unes formant fenêtres; il y en a quatre à l'ouest et une seule à l'est; celles du nord et du sud ont disparu au XVIIe siècle quand on a percé les grandes ouvertures en anse de panier qui font encore aujourd'hui pénétrer une lumière plus abondante dans cette partie de l'édifice. Les grandes arcades latérales soutenant la coupole présentent aussi du côté des croisillons trois arcatures; celle du milieu, traversant toute l'épaisseur du mur, forme une baie allongée en plein cintre, dont il est permis de rechercher l'utilité. Peut-être n'avait-elle pour but que d'alléger le poids des matériaux supportés par l'arcade. Ces espèces de fenêtres s'expliquent un peu mieux dans le tympan de l'arc triomphal et dans le mur qui autrefois s'élevait au-dessus de l'ouverture de l'abside principale.

Sur les croisillons du transept devaient s'ouvrir à l'est deux absidioles accompagnant la grande abside. En 1870, les fouilles n'ont pas été dirigées de façon à les retrouver, mais leur existence n'est pas douteuse, et M. Révoil a pu, sans trop s'aventurer, les restituer sur le plan de l'église métropolitaine au XIIe siècle. On verra plus loin que celle de droite avait, dans la seconde moitié du même siècle, un autel dédié à Notre-Dame, et celle de gauche un autel consacré aux saints Jacques Alphée et Zébédée. Elles ont disparu, on le sait déjà, lorsque l'archevêque Louis Allemand, décédé en 1450, fit construire à la suite du transept une nouvelle abside avec déambulatoire, qui agrandit de beaucoup Saint-Trophime (1).

(1) Les travaux n'étaient pas achevés à la mort du bienheureux Louis Allemand: des déclarations, faites le 1er mai 1451, stipu-

*
* *

Il est permis de se demander si la restauration du Xe siècle n'a pas porté sur d'autres parties du monument. La travée voisine du transept, avec ses murs latéraux en moyen appareil et ses piliers primitivement en forme de croix, présente en effet un caractère assez archaïque, qui est même resté accusé dans le plan de l'édifice, car les restaurations ont été ici moins importantes que dans le reste de la nef. A une époque qu'il faudra préciser plus tard, on n'a fait que renforcer et élargir ces piliers, sans les dissimuler tout entiers dans la nouvelle construction. Les grandes arcades qu'ils supportaient entre la nef et les collatéraux étaient primitivement de section carrée ; à une date postérieure, le mur qu'elles soutiennent sur leur extrados a été refait et renforcé lui aussi du côté de la nef, et l'on s'est trouvé dans l'obligation de le faire reposer sur un deuxième arc formant ressaut, mais dépourvu de piédroit et retombant sur un corbeau en guise d'imposte ; du côté des collatéraux, on s'est contenté de reprendre la maçonnerie, en laissant subsister des traces très visibles de cette reprise.

Il n'est pas jusqu'aux petites arcades délimitant cette travée des collatéraux et la séparant d'une part des croisillons du transept, d'autre part des travées précédentes, qui ne présentent dans leur construction des différences essentielles avec celles de ces autres tra-

lèrent que les offrandes des processions de Tarascon et de Sault seraient converties « in utilitatem operis ipsius ecclesie Sancti Trophimi et reparationem ejusdem et non in aliis usibus » *(Gallia christiana novissima, Arles*, n° 1916).

E. Lefèvre-Pontalis, phot.

Nef de Saint-Trophime.

vées. Primitivement, elles étaient aussi de section carrée et plus tard elles ont dû être renforcées par la juxtaposition d'un autre arc, permettant de donner plus d'épaisseur aux murs qu'elles supportent.

Évidemment, toute cette partie de la nef et des bas-côtés, restaurée à l'époque où l'on a fait dans les travées précédentes les travaux que nous examinerons plus loin, avait donc été reconstruite après l'édification de la basilique carolingienne et avant ces travaux de restauration.

Comme aspect, c'est-à-dire comme coupe et comme taille, l'appareil qui a servi à sa construction n'est pas très sensiblement différent de celui du transept ; mais, par contre, il est décoré, aussi bien dans les piliers cruciformes que dans les murs latéraux, d'abondants signes de tâcherons, grossièrement gravés, notamment des I et des croix. Ceux-ci sont, il est à peine besoin de le signaler, très distincts des signes que l'on observe dans les autres parties de la nef restaurée.

Faut-il admettre que ces marques, absentes dans tout le transept, sont dues simplement à ce fait que les ouvriers qui s'en servaient constituaient un chantier différent, mais contemporain, de celui qui travaillait au transept? Cette hypothèse, à mon avis, ne serait pas justifiée. Il n'est pas prouvé, en effet, qu'à la fin du Xe siècle les tailleurs de pierres aient eu déjà de telles habitudes. Il faudrait donc adopter une autre conclusion : tout d'abord on aurait agrandi la basilique carolingienne par la construction du transept, élevé sur l'emplacement soit de l'abside primitive, soit de la dernière travée de la nef et des bas-côtés, et l'on aurait en même temps amorcé la réédification de la nef tout entière et des collatéraux. Ces travaux furent effectués un peu avant 972 et la translation du corps de saint Trophime, mais le manque de ressources avait sans doute empêché la continuation immédiate de l'entreprise et il avait fallu attendre un certain temps, peut-être une cinquantaine d'années, avant de se remettre à l'œuvre. Donc, dans la première moitié du XIe siècle, car il est difficile de préciser davantage, le chantier se serait rouvert, puis il aurait été fermé de nouveau, toujours faute d'argent, après la reconstruction d'une seule travée, la plus voisine du transept.

Il serait intéressant de connaître le mode de couverture qui avait été adopté pour cette unique travée. La forme des supports, le peu d'épaisseur des murs élevés au-dessus des grandes arcades, témoignent suffisamment qu'au-dessus de la nef on n'avait pas jeté une voûte en berceau appareillée. Peut-être s'était-on contenté encore d'une charpente apparente soutenant une toiture en tuiles; peut-être aussi, et c'est alors que l'observation de M. Auguste Véran sur l'obliquité des assises de pierres au-dessus des impostes des piliers serait justifiée, peut-être, dis-je, s'était-on hasardé à construire une voûte d'arêtes assez grossière, formée avec des moellons équarris simplement au marteau (1)? Il ne serait peut-être pas impossible de prétendre qu'au-dessus des collatéraux, il y eut alors une voûte en berceau complet, au lieu de la voûte en

(1) Il faut observer que les travées les plus anciennes de la crypte de Saint-Gilles étaient voûtées d'arêtes (R. de Lasteyrie, *Études sur la sculpture française*, p. 90 et 91); cependant, je ne dois pas dissimuler qu'on ne fait pas remonter la plus âgée au delà du dernier quart du XIe siècle, tandis que je croirais de la première moitié du même siècle la travée de Saint-Trophime dont il est ici question.

quart de cercle qu'on établit plus tard ; mais c'est une hypothèse que j'ose à peine émettre.

Quand on examine l'architecture et les matériaux de la travée, dont j'attribue la réfection à la première moitié du XIe siècle, on ne peut s'empêcher d'observer sur le mur fermant au nord le collatéral gauche, une inscription en grandes capitales, dont le sens assez énigmatique a exercé la patience et la sagacité des érudits et à laquelle on a voulu reconnaître un caractère très archaïque. Elle se compose de trois vers, qu'on a expliqués diversement (1). Les voici :

TERRARVMROMAGEMINADELVCEMAGISTRA
ROSMISSVSSEMPERADERITVELVDINCOLAIOSEP
OLIMCON~TRITO LOETEOCONTVLITORCHO

Je ne tenterai pas à mon tour une interprétation ; mais je noterai, avec les auteurs qui s'y sont appliqués, que les trois premières lettres des vers, les initiales des mots GEMINA, ADERIT et LOETEO, placées exactement les unes au-dessous des autres, et les dernières lettres de chaque vers forment un triple acrostiche, TRO GAL APO. Peut-être cela n'a-t-il pas d'importance ; cependant jusqu'ici tout le monde a prétendu

(1) Aux auteurs (Rebattu, Seguin, Révoil, Millin, Castellane et Jacquemin) cités par M. R. de Lasteyrie, *Études sur la sculpture française*, p. 64, note 5, comme s'étant occupés de cette inscription, ajouter abbé Constantin, p. 102, qui l'attribue au VIIe siècle avec Rebattu et Seguin. Le fac-similé en a été donné plus ou moins exactement par Millin, *Voyage dans les départements du midi de la France*, t. III, p. 597 ; par Castellane, *Inscriptions du Ve au X siècle*, pl. I du Xe siècle, n° 2.

que c'était le commencement des mots TROPHIMVS GALLIARVM APOSTOLVS et quelques auteurs mêmes ont été jusqu'à dire que l'inscription avait été tronquée des six derniers vers. Remarquons simplement qu'il n'existe aucune trace témoignant que les lignes dites manquantes aient été jadis gravées (1).

Or, cette inscription remonterait, selon l'opinion la plus communément adoptée, à une époque beaucoup plus ancienne que la première moitié du XIe siècle (2). Certains archéologues ne reculent pas devant son attribution à saint Virgile lui-même, à la fin du VIe siècle, et déclarent par conséquent que dans la construction de la basilique de ce temps, étaient entrés tantôt le petit, tantôt le moyen appareil, sans raison d'ailleurs apparente justifiant cette juxtaposition contemporaine. On se base sur la forme des lettres employées, sur les C carrés, les O pointus, les S mal équilibrés, les E romains ou arrondis, etc. Mais comparons seulement avec les inscriptions romanes datées qui se trouvent dans la même région. Il en est une à Saint-Gilles, gravée sur un contrefort du bas-côté

(1) Cette inscription a été mutilée, en 1503, lors de la pose des orgues; on a ainsi fait sauter un certain nombre de lettres qui ont été ci-dessus reconstituées.

(2) Selon M. R. de Lasteyrie, *Études*, p. 64, cette « grande inscription, dont les caractères sont ceux du XIe siècle, ne peut, à coup sûr, être plus jeune que le début du XIIe ». Je suis très heureux de me rencontrer avec un maître aussi éminent de l'archéologie française: le présent mémoire était en effet entièrement écrit lorsque le volume des *Mélanges Piot*, contenant ses *Études*, est paru. Je n'ai fait qu'en modifier, sans changer mes conclusions, les dernières pages, afin de compléter ce qu'il a écrit sur la date du portail et du cloître de Saint-Trophime et de confirmer ses savantes déductions.

droit de l'église et portant sa date : 1116 (1). Elle présente exactement le même mélange de C ronds et carrés, d'E romains et onciales : son seul S est aussi mal équilibré, son G est à peu près de la même forme. D'autres, toujours à Saint-Gilles et de 1142, offrent avec des caractères moins archaïques, des C carrés et ronds, des E romains, des O pointus en haut et en bas, comme l'inscription de Saint-Trophime (2). Le C carré se trouve même encore gravé sur une des statues du portail de Saint-Gilles (3), dans la fameuse inscription de la cathédrale de Vaison qu'on a attribuée aussi au Xe siècle (4) et qui remonte seulement aux premières années du XIIIe, etc. (5). La forme du G, telle qu'on la voit en l'église de Saint-Trophime, a persisté longtemps aussi ; on la retrouve plus ou moins maladroitement tracée dans les inscriptions du cloître datées de 1165 et de 1181 (6).

Je ne prétends pas cependant rajeunir jusqu'au milieu du XIIe siècle l'inscription qui fait l'objet de cette dis-

(1) Le fac-similé en a été publié hors texte, à grande échelle, par M. l'abbé Nicolas, dans son mémoire intitulé : *Construction et réparations de l'église de Saint-Gilles*, et paru dans les *Mémoires de l'Académie de Nîmes*, année 1900, p. 95.

(2) Publiées en fac-similé par M. R. de Lasteyrie, *Études*, p. 93 et 96.

(3) Publiées encore en simili-gravure par le même, *ibid.*, p. 104.

(4) Cf. A. Deloye, *Inscriptions grecques et latines découvertes à Vaison ou dans les environs*, dans la *Bibliothèque de l'École des chartes*, 2e série, t. IV (1848), p. 333.

(5) Le C carré persista longtemps au XIIIe siècle dans la région arlésienne ; il figure dans une inscription de 1203 au cloître de Cavaillon, dans une autre encastrée près de l'entrée de l'église métropolitaine d'Avignon, dans des épitaphes au monastère des Carmes de Saint-Hilaire de Ménerbes, etc.

(6) Fac-similé donné par M. R. de Lasteyrie, *Études*, p. 50.

cussion; les rapprochements que j'ai faits et qu'il est loisible de multiplier, m'amènent seulement à affirmer qu'elle n'est pas antérieure au XIe siècle, et même qu'elle est très près du XIIe, si elle n'en est pas. Par conséquent, on ne peut invoquer sa présence sur les matériaux de la travée que je viens d'étudier, pour faire remonter celle-ci soit à l'époque mérovingienne, soit plus modestement aux temps carolingiens.

* * *

J'ai écrit tout à l'heure que le corps de saint Trophime était resté dans la basilique de Saint-Étienne jusque vers 1078 ; après cette date, on ne le signale plus dans la même église avant la cérémonie du 29 septembre 1152, dont il faut maintenant parler. A cette époque, en effet, eut lieu la translation solennelle des reliques de l'apôtre arlésien. On les rapporta de l'église Saint-Honorat-des-Aliscamps dans la basilique métropolitaine; avec le corps du saint, on transféra un certain nombre d'autres reliques, dont l'inventaire fut dressé et qui, pour la plupart, destinées à confirmer la tradition relative à saint Trophime, passaient pour provenir du Christ et de son entourage immédiat (1). Il y avait même, disons-le en passant, jusqu'à un drap dans lequel Notre Seigneur avait été enseveli (2) : serait-ce un saint Suaire ? En tout cas, il

(1) *Gallia christiana novissima, Arles*, n°s 568 et 2524. — Il y avait ainsi des reliques de la sainte Couronne, des vêtements du Christ, de l'éponge, du fiel et du vinaigre avec lesquels il fut désaltéré sur la croix, du pain bénit donné par lui à ses disciples, etc., la tête, la couronne et une côte de saint Étienne rapportés par saint Trophime, des ossements des saints Innocents, de saint Jean, de saint Pierre et de saint Paul, des reliques de la Vierge, etc.

(2) « Quidam pannus lineus, pendens in throno ecclesie, dum

n'y est pas fait mention d'une impression du corps divin.

Entre 1078 et 1152, il s'était donc accompli un événement nécessitant ce que j'appellerai d'une façon peu respectueuse le déblaiement de l'église de Saint-Trophime. Dans cet événement, tous les auteurs ont reconnu avec raison une restauration de l'édifice. En général, ils admettent que les travaux ont consisté à édifier une crypte ou confession au fond de l'église, justement pour recevoir les reliques transférées en 1152 ; la plupart d'entre eux prétendent encore qu'ils ont porté sur la façade occidentale, où fut alors construit le célèbre portail (1).

Il y a eu plus et moins en même temps, et j'espère le démontrer d'une façon péremptoire. La crypte ou confession a été bâtie en vue de la translation de 1152 : cela ne semble pas devoir faire l'ombre d'un doute ; mais les supports des nervures de ses voûtes avaient été adossés aux piliers de la dernière travée de la nef et du carré du transept, tels qu'ils existent actuellement. Il faut donc admettre que ces piliers de la nef, tout d'abord cruciformes, avaient subi la restauration à laquelle j'ai fait allusion ci-dessus, restauration motivée par la construction de la voûte en berceau appareillée. Le portail ne peut pas être contemporain de la crypte où l'on accéda, pendant quelque temps, de plain-pied avec la nef de l'église, car son seuil fut

ecclesia est parata, super altare, qui pannus est sutus cum quodam panno aureo, in quo panno lineo fuit D. N. Jhesus Christus involutus ».

(1) La liste des auteurs (Émeric David, Mérimée, Viollet-le-Duc, Révoil, Vöge) qui ont attribué le portail soit au milieu, soit à la première moitié du XIIe siècle, a été donnée par M. R. de Lasteyrie, *Études sur la sculpture française*, p. 46.

élevé à plus d'un mètre au-dessus du sol primitif de la nef; quand on le construisit on dut exhausser le dallage et enterrer en partie la crypte (1). On observera encore qu'il a été juxtaposé aux contreforts de la façade occidentale nécessités par la réfection de la voûte.

Il est donc évident qu'après 1078 des premiers travaux ont consisté à reprendre entièrement l'œuvre de la nef préméditée dès le Xe siècle, commencée au XIe et laissée inachevée, par conséquent à donner à l'édifice l'aspect qu'il présente actuellement. Puis, lorsque cette opération architecturale fut achevée, soit immédiatement, soit après un intervalle de quelques années, on entreprit la confession, qui a été complètement terminée en 1152. Enfin, le portail, non compris dans le plan que l'on avait suivi jusqu'alors, fut édifié à une époque postérieure et nécessita un dernier remaniement à l'intérieur de Saint-Trophime. M. de Lasteyrie a parfaitement démontré qu'il appartient aux vingt dernières années du XIIe siècle.

Considérons maintenant le détail de ces différentes restaurations et de ces divers aménagements.

Le but essentiel que l'on s'est proposé tout d'abord a été de couvrir la nef d'une voûte en berceau et parfaitement appareillée. Jusqu'alors ce vaisseau, il n'est pas besoin de le rappeler, ne possédait qu'une toiture portée sur des poutres apparentes. Peut-être la dernière travée, celle qui, près du transept, avait été

(1) M. de Lasteyrie n'a pas connu cet argument matériel, qui démontre d'une façon incontestable la postériorité du portail à la crypte terminée en 1152. C'est, avec tous ceux qu'il a donnés lui-même (*Études*, p. 63 et suiv.), un des plus solides qui puissent être opposés aux auteurs qui ont trop vieilli le portail.

réédifiée dans la première moitié du XIe siècle, possédait-elle une grossière voûte d'arêtes en blocage, mais l'établissement d'une voûte appareillée et de poids lourd rendit nécessaire la construction de doubleaux épais et de supports plus résistants que ne l'étaient de simples piliers en croix. Les bas-côtés aussi durent être couverts et leurs voûtes en quart de cercle, qu'elles servissent ou non à contrebuter la voûte centrale (1), reposèrent également sur des doubleaux avec piédroits formant pilastres le long des murs latéraux.

Or, l'édifice carolingien, avec ses murailles en petit appareil, n'était pas assez résistant pour supporter le nouveau fardeau qu'on lui imposait. On ne le détruisit pourtant pas, soit par raison d'économie, soit pour tout autre motif; mais il fallut reprendre les murs, au moins dans leurs parties supérieures, et les consolider au dehors par des contreforts, à l'endroit où ils étaient le plus susceptibles de céder à la poussée. L'architecte ne se contenta pas de juxtaposer les piédroits des doubleaux aux murailles des bas-côtés, il se crut obligé de relier solidement les maçonneries anciennes aux nouvelles et de refaire par conséquent une partie du parement primitif.

D'autre part, nous savons qu'il fut nécessaire de revenir sur la restauration déjà accomplie de la dernière travée de la nef, de renforcer les grandes arcades et les murs qu'elles supportent, de rendre plus massifs les piliers jadis en forme de croix et d'établir les piédroits des nouvelles nervures soutenant

(1) En réalité, elles ne contrebutent rien; elles sont placées trop bas pour cela.

la voûte. J'ai déjà noté toutes les traces de ces reprises. Ici pourtant le gros œuvre fut conservé, on se borna à le consolider. Il n'en fut pas de même pour les parties antérieures, qui n'avaient plus été touchées depuis la construction de la basilique carolingienne : là, en effet, si les murs extérieurs pouvaient encore être utilisés, il fallait faire place nette à l'intérieur de l'église, reconstruire entièrement et sur nouveau plan les piliers, les grandes arcades et les murs latéraux séparant la nef des bas-côtés.

C'était par conséquent un remaniement complet qui s'imposait : il s'opéra au moyen de matériaux qui se distinguent nettement de ceux du transept et de la dernière travée des bas-côtés, non pas tant par leur coupe plus perfectionnée et par leur liaison, qui eut toujours lieu au moyen de couches assez épaisses de mortier, que par les marques de tâcherons dont ils furent abondamment et élégamment décorés. Toutes les pierres de moyen appareil, entrées dans cette nouvelle construction, présentent de pareils signes, des lettres, surtout des B, des D, des P, des M, des A, et un monogramme assez curieux composé avec les trois capitales S T E (1). Ce dernier, beaucoup plus élégant que les caractères simples, se rencontre surtout sur les nouveaux piliers ; mais il n'est pas rare à

(1) M. Révoil a reproduit, pl. VII de l'appendice à l'*Architecture romane dans le midi de la France,* les principaux spécimens des signes de tâcherons relevés dans les parties romanes les plus récentes de Saint-Trophime. Il en a donné toute une série d'autres, p. XVI et XVII de cet appendice. La comparaison qu'il a établie de ces marques avec celles de Saint-Honorat-aux-Aliscamps ne tendrait à rien moins que rapprocher du XIIIe siècle la restauration de Saint-Trophime, car Saint-Honorat fut rebâti au commencement de ce siècle.

d'autres endroits, notamment dans la partie restaurée de la façade occidentale, et il établit, sans contestation possible, la contemporanéité des parties de l'édifice où il se montre.

Signes de tâcherons relevés sur les murs de la nef. Première moitié du XIIe siècle.

Il ne faudrait pas croire maintenant que la décoration des parties de Saint-Trophime, restaurées aux environs des années 1100-1140, soit exactement du même temps, surtout la sculpture des colonnettes et chapiteaux supportant dans la nef la retombée des arcs doubleaux placés immédiatement sous la voûte (1), et notamment cette ornementation des corniches extérieures que l'on a rapprochées avec raison de celles de Vaison et de Sainte-Croix de Montmajour (2). Il y a bien des chances pour que tout cela ait été fait après coup, par exemple au moment où d'habiles sculpteurs et ornemanistes édifiaient le portail et décoraient le cloître. Si, en effet, cette décoration, sur laquelle je n'ai pas à insister ici, peut se comparer avec celle de nos plus beaux édifices romans de la Provence, elle n'appartient qu'à la seconde moitié et peut-être au dernier tiers du XIIe siècle, à l'époque où les décorateurs avaient achevé l'apprentissage de leur métier. Sainte-Croix de Montmajour, en particulier, selon un critique des plus sagaces (3), dont je partage complètement la façon de voir en cette circonstance, n'est que du XIIe siècle très avancé.

La vérité est qu'à Saint-Trophime, depuis le jour où l'on commença la construction du transept, les travaux se continuèrent pendant de très longues années, sauf à s'interrompre à des intervalles plus ou moins réguliers. La nef, telle que son architecture se présente aujourd'hui, était à peine achevée, qu'on décidait la construction d'une confession, destinée à recevoir le corps et les reliques des saints protecteurs de l'église. Au lieu de creuser le roc sous le dallage

(1) On sait que les doubleaux sous la voûte de la nef sont doubles; les plus étroits ont des piédroits sans ornementation.

(2) Cf. H. Révoil, *Architecture romane dans le midi de la France*, t. III, pl. XIII.

(3) Brutails, *Note sur la date de la chapelle Sainte-Croix de Montmajour*, dans les *Comptes rendus des séances de l'Académie des inscriptions et belles-lettres*, 28 janvier 1898.

de Saint-Trophime, on se borna à relever de 18 marches, c'est-à-dire de quatre mètres environ, tout le fond du monument. Cette surélévation porta sur la largeur complète de l'édifice et l'escalier commença immédiatement au début de l'avant-dernière travée de la nef. Le couloir central, de plain-pied avec le dallage de l'église, occupait en longueur toute cette avant-dernière travée et conduisait à ce que j'appellerai improprement les chapelles de la confession, ménagées la première dans la dernière travée de la nef, la seconde dans le carré du transept (1). Nous nous souviendrons que si, par la place occupée encore aujourd'hui par les épitaphes des archevêques Michel de Mouriez et Hugues Béroard, nous pouvons rétablir le plancher des croisillons au même niveau que celui du carré, on ignore quel aménagement la crypte avait reçu dans ces parties du transept (2) comme dans l'abside principale.

(1) Il y avait peut-être d'autres pièces voûtées sous les bas-côtés de l'église supérieure, mais on n'a rien découvert qui puisse en faire connaître les dispositions.

(2) J'espérais tirer parti d'une charte de l'archevêque Imbert d'Aiguières, de mars 1195, portant cette phrase : « Concedimus etiam predicte sacristanie crotam que est ad chorum Sancti Jacobi, ab aquilone » (le chœur de Saint-Jacques est le croisillon gauche du transept) *(Gallia christiana novissima, Arles*, nº 704), mais je suis obligé d'admettre que cette *crota* est en dehors de l'église Saint-Trophime. Voici encore un texte, du 20 juin 1236, à l'appui de cette appréciation : « Raimundus de Barjols, sacrista Arelatensis... recognovit... quod illa androna, que est inter criptam sacristie Arelatensis et stare dicti Hugonis, est communis » *(Idem*, nº 2687). S'il en était autrement, le rédacteur de l'acte aurait dit « que est inter ecclesiam Sancti Trophimi ». — Sur l'emplacement de cette crypte on a élevé plus tard le bâtiment en deux travées voûtées sur ogives,

Les chapelles souterraines, voûtées certainement sur croisées d'ogives (1), qui retombaient sur des colonnettes adossées, possédèrent un autel consacré par l'archevêque Imbert d'Aiguières (1191-1202) aux saints apôtres Pierre et Paul. Avec l'autel principal, toujours dédié à saint Étienne, et les deux autels placés dans les transepts à l'honneur de la Vierge et des saints Jacques Zébédée et Alphée, il constitua le *ministerium* des quatre autels de l'église d'Arles, signalé dans les textes en 1201 et 1202 (2).

qui a servi de sacristie et qui existe encore au nord des premières chapelles qui bordent à gauche le déambulatoire : c'est la confirmation matérielle des textes que je donne ici.

(1) Ces ogives étaient donc à peu de chose près contemporaines de celles de la crypte de Saint-Gilles. Cf. R. de Lasteyrie, *Études,* p. 93.

(2) Donation de l'archevêque Imbert d'Aiguières du 28 février 1201 : « Laudo et concedo Deo... et ministerio quatuor altarium que sunt in sede Arelatensi, videlicet B. Stephani et B. Marie et BB. apostolorum Jacobi Zebedei et Jacobi Alphei et B. Petri et B. Pauli, quod situm est in confessione in hac eadem supradicta ecclesia... « *(Gallia christiana novissima, Arles,* n° 741). Cette disposition est confirmée dans les mêmes termes par le testament du même prélat, en mars 1202 ; il y a en plus cette phrase : « Laudo... et dono Deo et altari BB. apostolorum Petri et Pauli, quod situm est in confessione ecclesie Sancti Stephani, quod propriis manibus consecravi, ad illuminandam lampadem que ibi ... in perpetuo ardeat » *(Idem,* n° 749). La première donation est encore répétée avec les mêmes expressions dans un acte d'Imbert d'Aiguières du 30 mars 1202 *(Idem,* n° 750). Déjà, en mars 1195, une concession avait été faite par l'archevêque « Deo et gloriose virgini Marie et sancto Stephano et beato Trophimo et ministerio altaris et ecclesie » *(Idem,* n° 704). — L' « altare beati Stephani » est cité dans des textes de 1040-1044 *(Idem,* n° 363) et d'août 1186 *(Idem,* n° 660) ; mais ce dernier semble plus important : « ad opus altaris beati Stephani vel ad alia opera que specialiter ad sacristiam spectare dicuntur ». —

C'est dans cette confession qu'on déposa, en 1152, le corps de saint Trophime et les autres reliques rapportées des Aliscamps (1). C'est là qu'on les conserva pendant environ trois siècles, jusqu'au moment où

L'autel de la Vierge n'est pas désigné dans les actes du XIIe siècle que j'ai explorés; j'y vois cependant une allusion non équivoque dans le fait qu'en 1180, 1186 et 1195 on accola le nom de la Vierge à celui de saint Trophime et de saint Étienne: « Ad honorem Dei et gloriose Virginis ac beati Trophimi et sancti Stephani » *(Idem,* n°s 647, 658 et 704). Il apparaît dans un texte de 1213 que nous aurons à discuter ci-après. — Le « chorus Sancti Jacobi » est indiqué dès 1195, comme je l'ai déjà dit.

Les textes de 1201 et 1202, cités au début de cette note, et la place occupée par l'épitaphe de l'archevêque Michel de Mouriez († 1217), dont il sera question plus loin, montrent que la confession n'a pas eu la durée éphémère que j'ai entendu affirmer et qu'elle avait été conservée après l'édification du grand portail (commencé vers 1180) et l'exhaussement du sol de Saint-Trophime. — Il faut encore observer que l'ancien autel de Notre-Dame ayant disparu lors de l'agrandissement opéré au XVe siècle, une statue de la Vierge, placée à l'entrée du déambulatoire, au-dessus de la porte du cloître, semble en rappeler le souvenir.

(1) On pourrait peut-être tirer argument pour la restauration de Saint-Trophime dans la première moitié du XIIe siècle, du fait que Raimond de Montredon (1142-1160) est le premier des archevêques qui se soient fait enterrer dans l'église métropolitaine (voir son épitaphe dans la *Gallia christiana novissima, Arles,* n° 600). Si ses prédécesseurs avaient eu leur sépulture aux Aliscamps, ses successeurs eurent la leur dans Saint-Trophime même (cf. encore l'acte du 13 janvier 1221, cité *ibidem,* col. 235). — Mais une objection se présente, ces archevêques se font-ils ensevelir à Saint-Trophime parce que leur cathédrale est définitivement restaurée ou parce qu'ils y reposeront à côté du premier apôtre arlésien et des reliques transférées en 1152? Il est cependant à remarquer qu'on ne signale pas d'archevêque enterré dans la même basilique pendant le premier séjour du corps de saint Trophime, c'est-à-dire entre 972 et 1078.

l'agrandissement de l'abside principale et la construction d'un déambulatoire par le bienheureux Louis Allemand, firent disparaître la crypte, dont l'élévation au-dessus du sol de l'église constituait une véritable gêne et coupait l'ordonnance de l'édifice agrandi.

Cependant, avant la fin du XIIe siècle, l'intérieur de Saint-Trophime avait encore été l'objet d'un remaniement. Le sol primitif de l'église métropolitaine, celui qui se trouvait de plain-pied avec la confession et d'où partaient les dix-huit marches conduisant au chœur et à l'autel de Saint-Étienne, était, comme je le rappelle, à un peu plus d'un mètre au-dessous du sol actuel. Mais celui-ci est à son tour au même niveau que le seuil du portail. J'en conclus que le jour où l'on a commencé l'édification de ce portail, entre 1180 et 1190 (1), on se trouva dans la nécessité de relever le niveau du sol de Saint-Trophime. Autrement les fidèles auraient été obligés, une fois arrivés sur le palier du porche élevé de près de deux mètres au-dessus de la rue, de redescendre quelques degrés pour pénétrer dans l'intérieur de l'église (2). La confession se trouva donc enterrée d'autant et il fallut établir, à l'entrée du couloir central, quatre degrés descendants pour y accéder. Dès lors elle présenta quelque peu l'aspect des cryptes qui existent au fond de Saint-Honorat

(1) Pour cette date, je ne puis mieux faire que de renvoyer à la discussion si doctrinalement conduite par M. R. de Lasteyrie, *Études*, p. 63 à 79.

(2) Dans ce cas, il aurait été beaucoup plus simple de ne pas élever le seuil du portail à une aussi grande hauteur au-dessus de la rue et de supprimer quelques-uns des degrés extérieurs. Aujourd'hui encore, ce seuil est à 1[m]85 en contre-haut de la rue.

aux Aliscamps et de l'église des Saintes-Maries de la Mer. Celle de Saint-Honorat est cependant plus profonde et sa situation était, à l'origine, exactement la même qu'aujourd'hui, tandis qu'à Saint-Trophime, on y fut amené par la force des choses.

***

Je ne serais pas revenu sur la date du portail, qui a été si judicieusement déterminée par M. R. de Lasteyrie, — il fut commencé, je le rappelle, entre les années 1180 et 1190 (1), — si je n'avais eu à expliquer un texte, dont on s'est servi pour en placer la construction après 1217 (2).

Il s'agit d'une prétendue inscription, qui n'est autre qu'un extrait du testament de l'archevêque Michel de Mouriez, du 5 septembre 1213. Le prélat y demandait que son corps fût enseveli *infra ecclesiam Sancti Trophimi, ante altare Beate Marie, in pariete que est ex parte occidentis, subtus fenestram, in qua est cleda ferrea loco vitree* (3). Dans cette paroi occidentale, M. Marignan a vu la façade occidentale de l'église et en a tiré argument pour déclarer qu'un autel y était adossé: il n'y aurait pas eu alors, de ce côté, d'entrée dans la nef, par conséquent le portail n'aurait pas encore existé à cette époque (4). M. de Lasteyrie,

(1) R. de Lasteyrie, *Études*, p. 63 à 79.

(2) Remarquons d'abord que le texte visé n'est pas, comme on l'a cru, de 1217, mais de 1213.

(3) *Gallia christiana novissima, Arles*, n° 836.

(4) *L'École de sculpture en Provence*,p. 19. — Même en admettant que la paroi occidentale ici visée fût la façade de l'église,

au contraire, l'a identifiée avec le mur antérieur de la crypte ou confession découverte en 1870 (1).

Ni l'une ni l'autre de ces interprétations ne sont exactes : l'autel de Notre-Dame se trouvait dans le croisillon droit du transept et la paroi occidentale, dont la fenêtre possédait une claie ferrée au lieu de vitres, fermait ce croisillon du côté du couchant (2).

Telle était la conclusion à laquelle m'avait amené la seule étude des textes, lorsque j'ai eu la bonne fortune de retrouver à sa place primitive et à l'endroit précis que je supposais, l'épitaphe même de Michel de Mouriez (3). Encastrée dans le mur à un peu plus

il serait très hasardeux de prétendre que l'autel de la Vierge y était adossé ; le texte porte que l'archevêque sera enseveli devant l'autel, dans le mur, etc.

(1) *Études*, p. 64, note 2. Selon M. de Lasteyrie, « infra ecclesiam » veut dire « sous l'église ». De nombreux textes arlésiens prouvent que « infra » signifie « dans » ; voir l'acte même du 5 septembre 1213 : « unicuique sacerdoti manenti infra Arelatem » ; 28 juillet 1219 : « que due ecclesie sunt infra muros civitatis Arelatis » *(Gallia, Arles*, n° 863); 30 décembre 1221 : « ut tam infra civitatem quam extra » *(Idem*, n° 876). — Ce que l'on sait de la crypte montre qu'il n'y avait pas de fenêtre dans le mur antérieur ; de la nef de l'église on ne voyait que la porte d'entrée du couloir central encadrée par les degrés des escaliers qui occupaient toute la largeur de l'édifice.

(2) Cette fenêtre était pratiquée dans une des arcatures que j'ai signalées ci-dessus. Il en reste encore des traces très visibles au dehors.

(3) La *Gallia christiana novissima, Arles*, n° 839, l'a publiée d'après une copie du chanoine Bonnemant, qui l'avait relevée « contre la muraille, sous la fenêtre de la tribune de la musique dans l'église de Saint-Trophime ». Ce qui fait qu'on ne la cherchait pas là où elle se trouve, c'est qu'on identifiait cette tribune de la musique avec la tribune des orgues, au-dessus de la dernière

d'un mètre au-dessus du plancher de la confession, elle est restée depuis la disparition de la crypte à plus de quatre mètres au-dessus du sol actuel, au milieu de la paroi occidentale du croisillon sud du transept. Le successeur de Michel de Mouriez, Hugues Béroard, fut aussi enseveli, en 1232, dans le même croisillon et son épitaphe se lit encore, très haut placée, sur le mur méridional (1).

*
* *

Sur la date du cloître et sur l'époque où en ont commencé les travaux de construction, je me contenterais aussi bien volontiers de renvoyer aux remarquables *Études* de mon maître, M. R. de Lasteyrie (2), si je n'avais le moyen de corroborer son opinion par un ensemble de textes qui n'ont pas encore attiré l'attention des érudits.

Dans la seconde moitié du XIIe siècle on vit s'opérer un changement dans la condition des chanoines de Saint-Trophime : de séculiers, ils devinrent réguliers et ils embrassèrent la règle de saint Augustin. Dès lors, ils furent astreints à la vie claustrale, à la table commune, au dortoir commun ; d'où la nécessité d'élever des bâtiments pour ces usages, un dortoir, un réfectoire, un cloître. Cette modification aurait été faite, selon un

travée du bas-côté gauche. L'abbé Constantin, *op. cit.*, p. 103, la signale même dans le bas-côté gauche, avec celle de l'archevêque Hugues Béroard ! !

(1) Publiée par la *Gallia christiana novissima, Arles*, n° 976.

(2) P. 45 à 62.

auteur arlésien (1), en 1183 ; elle eut lieu bien avant. La preuve en est donnée par l'épitaphe de Pons de Baux, capiscol et chanoine régulier de Saint-Trophime (2), encastrée dans le mur extérieur de la partie nord du cloître et que M. de Lasteyrie (3) a, le premier, restituée à sa véritable date (10 octobre 1165). D'autres chanoines réguliers eurent leurs épitaphes datées des 11 septembre 1181 (4), 26 décembre 1183 (5), etc.

Les chartes ne donnent de renseignements qu'à partir du mois d'août 1184 (6) ; mais une bulle du pape Urbain III, adressée, le 2 décembre 1186, à l'archevêque d'Arles et aux chanoines de Saint-Trophime faisant profession de la vie régulière (7), indique que la réforme s'était opérée récemment *(nuper)* (8) ; elle

(1) Estrangin, *Études archéologiques sur Arles*, p. 183.

(2) Il a été appelé « Poncius de Barcia » par les auteurs de la *Gallia christiana novissima, Arles*, n° 2572, qui ont placé son épitaphe au 10 octobre 1201 ; Pons de Bascle, par M. R. de Lasteyrie, *Études*, p. 50. L'inscription que j'ai examinée très attentivement donne B A ƧC I O. Ce personnage est cité dans plusieurs actes publiés dans la *Gallia... Arles :* le 3 mai 1131, « Poncius de Balcio, presbiter » (n° 3228) ; en 1153 et 1158, « Poncius de Balcio, precentor » (n°s 2525, 571, 593 et 594). Il avait succédé sans doute à Bertrand Géraud, capiscol en 1159 *(Idem*, n° 597).

(3) *Études*, p. 50.

(4) *Gallia christiana novissima, Arles*, n° 2544 ; R. de Lasteyrie, *Études*, p. 50.

(5) *Idem*, n° 2546 ; R. de Lasteyrie, p. 61.

(6) « Guillelmi Ugonis, canonici regularis Sancti Trophimi » *(Idem*, n° 2547).

(7) *Idem*, n° 665.

(8) Cf. encore la bulle de Célestin III, adressée le 9 mai 1194 à l'archevêque d'Arles : « in perfectione ordinis in ecclesia tua noviter constituti » *(Idem*, n° 696). La réforme est encore appelée

prescrit en outre qu'elle sera inviolablement observée dans l'avenir et qu'on n'admettra pas au canonicat un clerc ne s'y conformant pas. Chose curieuse, cette bulle, ainsi que celles de Célestin III (10 novembre 1191) (1) et d'Innocent III (5 décembre 1202) (2), qui en répètent les termes, se réfèrent à une autre d'Anastase IV, du 26 décembre 1153 (3), où il n'est aucunement fait mention de la vie régulière des chanoines. Donc, c'est entre 1153 et 1165 que la règle de saint Augustin a été adoptée par le chapitre d'Arles. Cette opération même s'effectua plus près de cette dernière date que de la première, comme l'ensemble des témoignages contemporains semble le prouver.

Faut-il ajouter que les chanoines ne tardèrent pas à se montrer mécontents de l'existence commune et qu'ils aspirèrent vite à reprendre leur liberté d'autrefois ? Ils étaient, d'ailleurs, à peine assez nombreux pour suffire à la célébration des offices (4). Il fallut de fréquentes bulles pontificales pour les rappeler à l'observance de leur règle, leur prescrire de ne pas manger et de ne pas dormir hors du réfectoire et du dortoir communs (5). Un conflit aigu parut même

nouvelle au mois de mars 1195, dans une charte de l'archevêque d'Arles (*Idem*, n° 704).

(1) *Idem*, n° 689.

(2) *Idem*, n° 757.

(3) *Idem*, n° 573.

(4) Bulle de Célestin III, engageant l'archevêque Imbert d'Aiguières à augmenter le nombre de ses chanoines, 5 novembre 1191 (*Idem*, n° 682).

(5) Bulles des 5, 9, 11 mai, 19 octobre 1194, 5 et 10 décembre 1198 (*Idem*, n°s 2559, 696, 701, 702, 719, 720, 721, 722, 723, 725, 2567).

surgir à ce propos, dans les dernières années du XIIe siècle, entre l'archevêque, soutenu par le pape, et le chapitre (1). Il n'est pas nécessaire d'entrer ici dans le détail : les lignes ci-dessus suffisent pour fixer l'époque approximative de l'introduction de la réforme qui devait obliger à la construction du cloître de Saint-Trophime (2).

Si l'on s'en tient exclusivement aux documents écrits, on objectera peut-être que les bâtiments réservés aux chanoines ne furent pas nécessairement édifiés de suite, et qu'ils ne le furent qu'après l'apaisement de la querelle entre l'archevêque et le chapitre ou après l'acceptation définitive et complète de la vie commune par les chanoines. Les chartes se chargent de contredire cette hypothèse. Le dortoir était construit en 1180 : un acte, daté de cette année, y fut passé en présence du sacriste et des autres chanoines (3). Il est même question dans ce document du *claustrum Sancti Stephani, quod est ante mesellariam*. Admettons que ce ne soit pas le cloître de Saint-Trophime — et pourtant je suis persuadé que ce ne peut pas en être un autre (4) —, admettons encore que la phrase d'une bulle

(1) Voir les bulles citées dans la note précédente et la « compositio » passée entre l'archevêque Michel de Mouriez et son chapitre, en avril 1204 *(Gallia... Arles*, n° 762).

(2) Le cloître des chanoines ne doit pas être confondu avec le cloître qui existait au milieu des bâtiments d'habitation et de service de l'archevêque. Celui-ci était plus ancien que l'autre, il est mentionné dans des formules de serment à l'archevêque de 1143, 1147-1152 et 1207 *(Idem*, n°s 549, 563, 786); un acte de vente de mars 1193 fut passé « in claustro archiepiscopi, ante capellam, sub portico » *(Idem*, n° 694).

(3) *Idem*, n° 2541.

(4) Je ne vois pas en effet avec quel autre on pourrait identifier

d'Innocent III, du 10 décembre 1198, défendant aux chanoines d'Arles *cibos... extra claustrum vestrum de cetero... exportare* (1), admettons, dis-je, que cette phrase ne soit qu'une formule, on ne pourra récuser de la même façon le texte des actes passés en février 1203, *in claustro, in dormitorio canonicorum* (2); en août 1209, *in claustro canonicorum* (3) ; le 3 juillet 1218, *in claustro canonicorum Sancti Trophimi* (4) ; le 15 août 1218, *in claustro Sancti Trophimi ante domum capituli* (5). La clôture des bâtiments canoniaux était même complète en décembre 1195, époque à laquelle on signale *locum illum qui est extra portale canonicorum et jungitur muro civitatis* (6). Bien mieux encore, un texte précise le moment où fut créé le cimetière des chanoines dans le préau du cloître ; il indique que les inhumations y commencèrent sous l'archevêque Raimond de Bollène, mort en 1182, et il en donne la date de consécration en 1183 (7).

ce cloître de Saint-Étienne ; je ne sais pas malheureusement où se trouvait la boucherie à Arles à la fin du XIIe siècle. Dans cette mention topographique, « quod est ante mesellariam », je trouve l'indice de la construction récente du cloître, puisqu'il fut nécessaire d'en marquer l'emplacement pour le faire connaître.

(1) *Gallia... Arles*, n° 2567.

(2) *Idem*, n° 2579.

(3) *Idem*, n° 2597.

(4) *Idem*, n° 2617.

(5) *Idem*, n° 2619.

(6) *Idem*, n° 2563.

(7) Dans une enquête sur les cimetières de Saint-Césaire et de Saint-Trophime, Eldiarde, abbesse de Saint-Césaire, témoigna ainsi, le 4 juin 1221 : « Interrogata si scit de consecratione cimiterii claustri, respondit se audisse dici quod tempore R. de Abolena, archiepiscopi, fuit levatum cimiterium illud et ibi sepeliebantur. Et postea

De tous ces documents, il ressort donc que les parties les plus anciennes du cloître sont antérieures au XIIIe siècle (1). M. de Lasteyrie, en étudiant certaines inscriptions et des détails des sculptures, a établi avec une autorité incontestable qu'il fallait en fixer la décoration aux environs de 1180. Je ne puis que souscrire à une telle conclusion (2).

D'ailleurs, il serait facile d'opposer à l'opinion de ceux qui prétendent placer vers 1225 ou 1230 la construction du portail et du cloître de Saint-Trophime, des documents sur la détresse financière dans laquelle était tombée l'église d'Arles. En 1220, on

audivit dici quod P. Isnardus, electus archiepiscopus, cito post electionem suam illud consecravit. Interrogata ubi sepeliebantur canonici Sancti Trophimi, ante consecrationem illius cimiterii, respondit... » *(Gallia... Arles*, n° 873).

(1) D'après les inscriptions, M. de Lasteyrie (p. 51) a établi que le mur du nord du cloître était déjà bâti en 1165, celui de l'est en 1181, celui de l'ouest en 1221. Cette dernière date pourra certainement être avancée.

(2) Au sujet de la construction du mur extérieur de la galerie septentrionale du cloître, j'aurais cependant une observation à présenter. Il porte en effet des traces manifestes de reprise au-dessus de ses arcatures latérales ; il existait évidemment, au moins dans sa partie inférieure, avant qu'on ait songé à élever la voûte qui couvre cette galerie. C'est ce qu'avait déjà soupçonné M. de Lasteyrie (p. 51), qui n'a pas cru devoir signaler les traces de reprise. Pour démontrer l'antériorité de cette muraille, il avait fait remarquer que, pour porter les doubleaux de la voûte, on avait dû y loger de gros corbeaux, ce qui indiquerait qu'on n'avait pas primitivement prévu leur établissement. A cela on pourrait objecter que ce mode de support a été fréquemment usité dans les monuments provençaux du XIIe siècle ; on le trouve notamment au cloître de Saint-Paul-de-Mausolée, où il a été voulu par l'architecte. Donc les corbeaux ne suffiraient pas pour démontrer l'antériorité du mur en question.

avait eu à souffrir des guerres et des inondations, l'archevêque était obéré de dettes (1) et sa situation ne semble pas s'être améliorée avant 1230 (2). Était-ce le moment qu'il aurait choisi pour entreprendre les grands travaux d'embellissement de son église métropolitaine ? N'y aurait-il pas lieu plutôt de supposer qu'une partie de ses dettes provenait justement de l'exécution des travaux en question (3) ?

Ce sont sans doute ces difficultés financières, se greffant sur les querelles entre l'archevêque et ses chanoines, qui ont arrêté la décoration du cloître : deux côtés, ceux de l'ouest et du sud, ne devaient être achevés qu'au XIIIe ou à la fin du XIVe siècle. Aussi se trouva-t-on dans la nécessité de constituer une caisse spéciale pour la continuation de l'œuvre : des donations et des legs devaient la remplir au moins en partie, et nous savons que cette institution fonctionnait dès le premier quart du XIIIe siècle (4).

* * *

En arrivant au terme de cette étude, je m'aperçois que je n'ai rien dit du clocher actuel, dont les assises

(1) Charte du 19 octobre 1220 (*Gallia... Arles*, n° 2625).

(2) Diplôme de l'empereur Frédéric II, d'août 1230, autorisant tous ses sujets à vendre ou donner leurs biens à l'église d'Arles (*Idem*, n° 3254).

(3) Il faut songer aussi que toute la décoration ornementale de l'église de Saint-Trophime (colonnes et corniches intérieures et extérieures de la nef) ainsi que la construction du clocher eurent lieu également à peu près à la même époque.

(4) Testament de « Jacma », femme de Geoffroy Baston, léguant 50 sous « operi claustri Sancti Trophimi », 22 mars 1224 (Archives

portent des marques de tâcherons reproduites ci-dessous. Il est bien difficile d'en préciser la date, faute de documents. Il faut se rappeler cependant que la coupole voûtant le carré du transept était, dès la fin du Xe siècle, surmontée d'un édicule de forme octogonale. La restauration de la nef laissa le transept intact : la réfection du clocher ne s'imposa donc pas à ce moment. D'après son style, ses proportions, les détails de ses moulures et de ses sculptures, ses signes même

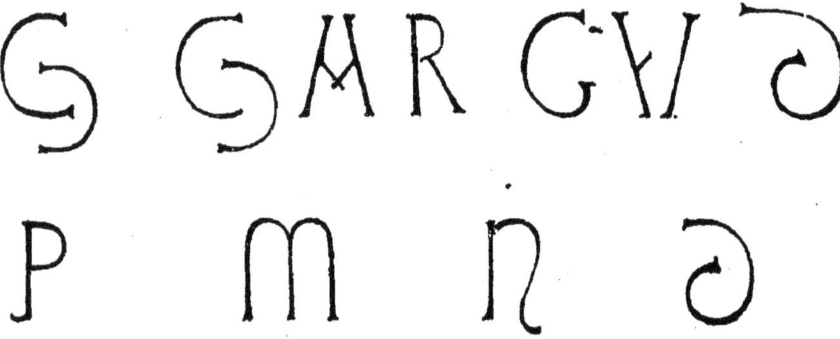

Signes de tâcherons relevés sur le clocher de Saint-Trophime.

de tâcherons, je serais tenté de placer la tour carrée que nous voyons aujourd'hui, à la même époque que la décoration sculpturale de Saint-Trophime et que la construction du portail, c'est-à-dire dans les vingt dernières années du XIIe siècle.

départementales de Vaucluse, G, Cartulaire de Saint-Paul-de-Mausolée, t. I, n° 65).

E. Lefèvre Pontalis, phot.

Clocher de Saint-Trophime.

En résumé, des basiliques qui ont existé avant l'occupation d'Arles par les Sarrasins de 734 à 738, on n'a conservé que le souvenir ; à peine peut-on montrer ces chambres souterraines du IVe siècle, qui ont eu pour but le nivellement du terrain sur lequel un premier architecte a voulu bâtir. Les parties de l'église de Saint-Trophime qui présentent le caractère le plus archaïque, c'est-à-dire qui montrent le petit appareil, ont appartenu à la basilique édifiée vers la fin du VIIIe siècle. Deux siècles après fut construit le transept, un peu plus tard la travée qui le précède ; enfin, eurent lieu la réfection de la nef et l'établissement sur toutes ses travées des voûtes qui couvrirent le vaisseau central et les collatéraux. Cette dernière opération eut lieu après 1078, et plus vraisemblablement de 1100 à 1140 ; elle fut achevée à temps pour que la confession, établie après coup dans les dernières travées de la nef èt dans le transept, ait pu recevoir, en 1152, les reliques du premier évêque d'Arles. Puis, ce fut quelques années après le commencement des travaux du cloître, dès la régularisation du chapitre (de 1153 à 1165) ; plus tard encore, de 1180 à 1190, l'édification du portail et le relèvement du sol primitif de l'église.

L'exemple de l'église métropolitaine d'Arles est caractéristique : c'est un composé de pièces et de morceaux, tous d'une date différente. Jamais les architectes n'ont fait table rase complète de ce qui préexistait, ils ont tâché d'améliorer en juxtaposant. Or, cette règle des améliorations et des juxtapositions successives a été à peu près généralement observée dans toute la Provence : il est nécessaire de l'avoir toujours présente à la mémoire lorsqu'on étudie un monument de cette région et c'est pour l'avoir oubliée que de nombreux archéologues, et non des moins illustres, sont tombés dans de graves erreurs.

Caen. — Impr. H. Delesques, rue au Canu, 34.

www.ingramcontent.com/pod-product-compliance
Ingram Content Group UK Ltd.
Pitfield, Milton Keynes, MK11 3LW, UK
UKHW021202220726
13924UKWH00003B/1281

9 782019 938109